구운몽도

03 키워드 한국문화

구운몽도

정병설 지음

문학동네

『구운몽』, 그림으로 읽기

대학원 때 도서관에서 공부하다가 머리를 식힐 겸 김호연 선생이 편집한 『한국민화』라는 책을 넘겨본 일이 있었다. 책장을 넘기다 시선이 머문 곳에는 '설화도'라는 이름이 붙은 그림 한 장이 있었다. 한 여자가 쌍칼을 들고 섬광을 타고 하늘에서 내려오는 장면이었다. 왼쪽 상단에 '연월야봉심요연烟月夜逢沈裊燕'이라는 화제畵題가 붙어 있는 것으로 보아 『구운몽』의 한 장면이었다. 화제는 '달밤에 심요연을 만나다'라는 뜻이니, 『구운몽』의 팔선녀 가운데 한 사람인 자객 심요연이 양소유의 군진으로 들어오는 장면이 분명했다. 당시 『구운몽』을 읽고 있던 차에 보게 돼 더욱 관심이 가기도 했지만, 그때까지만 해도 옛이야기, 그것도 소설을 그린 그림은 거의 보지 못했기에 우선 반가웠다.

이 장면은 티베트 왕국이 중국을 침략하자 양소유가 대원수가 되어 출정한 부분에서 나온다.

도1 《구운몽도》 심요연 장면, 허만하 시인

승전을 거듭하던 양소유는 적석산 아래에 이르러 진을 치는데, 사방에 나무 울타리를 두르고 바닥에는 잠입하는 적의 발바닥을 찌르게 마름쇠를 깔아 두고 전군에 경계령을 내려 자지 말고 엄히 방비하라고 했다. 그리고 자기는 장막 안에서 촛불을 밝히고 병서를 보는데, 한밤중에 한 줄기 찬바람이 불어 와 촛불이 꺼지더니 한 여자가 공중에서 내려왔다. 여인의 손에는 서리 같은 비수가 들려 있었다. 여인은 구름 같은 머리털을 위로 올려 금비녀를 꽂고, 패랭이꽃을 수놓은 소매 좁은 전포에, 봉황새의 머리를 수놓은 신발을 신고, 허리에는 보검을 차고 있었다. 이 자객이 바로 심요연인데, 그는 스승의 말에 따라 자신의 평생을 맡길 귀인을 만나기 위해 검술을 배웠고, 뛰어난 검술로 티베트 왕국의 자객으로 뽑혀 양소유를 죽이라는 명을 받았다. 심요연은 자객으로 뽑히긴 했지만, 실은 배필을 만날 생각으로 양소유에게 온 것이다. 자객의 등장이라 긴장된 순간이지만, 독자에게는 주인공이 새로운 캐릭터의 여성을 만난다는 기대감을 갖게 한다. 심요연은 이날 밤 양소유에게 자신이 온 이유를 고백하고 양소유의 첩이 되겠다고 한다.

소설 내용은 이렇지만, 그림은 소설과 약간 다르다. 사전에 점을 친 양소유가 저녁에 무슨 일이 있을 것을 예견하고 군사들에게 자지 말고 방비하라고 명령했는데도, 군사들은 모두 졸고 있다. 또 소설에서는 심요연이 비수를 들고 있다고 했는데, 그림 속의 심요연은 장검 쌍칼을 들고 있다. 그림에서 특히 인상적인 것은 심요연이 빛을 타고 내려온다는 점이다. 하늘에서 사람이 빛을 타고 내려오는 것은 도교 경전의 하나인 『옥추경玉樞經』에 실린 벼락신 뇌성보화천존雷聲普化天尊의 그림 등에서 볼 수 있다. 그런데 심요연의 빛은 양소유의 머리에서 나온 것으로, 뇌성보화천존의 빛처럼 공격적이지 않다. 오히려 양소유가 심요연을 인도하는 듯한 그런 빛이다. 그래서인지 심요연의 표정은 호기심과 기대가 가득하다. 게다가 심요연의 귀여운 얼굴은 아담하고 담담한 자태와 어울려 사랑스런 정감까지 불러일으킨다.

이후 나는 조선시대 회화에 관심을 가졌고, 박물관과 전시회를 찾아다니며 〈구운몽도〉를 찾았다. 이제 근 이십 년이 다 된 일이다. 하지만 지금까지 접한 작품은 고작 사십 점 정도에 불과하다. 미술사 전공자가 아니니, 아무래도 눈에 넣은 그림이 적었을 것이다. 〈구운몽도〉는 한국은 물론 프랑스 파리의 기메박물관, 미국 샌프란시스코의 아시아예술박물관, 일본 시즈오카 시립미술관 등 세계 곳곳에 있다. 이로 보아 아직 내가 보지 못한 것이 더 많으리라 생각한다.

하지만 많지 않은 그림들을 접하면서 나는 한국문화의 개성과 아름다움을 새삼 깨닫게 되었다. 화려하거나 정세하지는 않아도, 또 구도가 특이하거나 눈이 번쩍 띌 만큼 기괴하지는 않아도, 안온하면서 조화롭고, 낭만적이면서 따뜻한 그림들이 한국 전통회화는 조잡하고 몰개성적이라는 나 자신의 편견을 바꾸게 했다. 그것이 내 『구운몽』 독법까지 바꾸었음은 물론이다. 『구운몽』의 핵심이 결말부의 불교적 사상에 있다고 여긴, 나 자신을 포함한 한국문학 학계 일반의 인식이 맞지 않음을 깨달은 것이다. 『구운몽』의 가치

도2 **뇌성보화천존, 서울대학교 규장각 소장** | 1736년 묘향산 보현사 간행 『옥추경』 삽화

는 〈구운몽도〉가 보여준 것처럼, 낭만적 사랑을 통해 삶의 아름다움을 보여
준다는 데 있다는 사실을 몰랐던 것이다.

   이 책은 〈구운몽도〉를 가지고 『구운몽』을 읽은 것이지, 『구운몽』을 가지
고 〈구운몽도〉를 읽은 것이 아니다. 문학연구자의 그림 읽기를 너그럽게 봐
주시기 바란다.

2009년 겨울
정병설 쓰다

1

『구운몽』은
고전인가

『구운몽』은 조선시대를 대표하는 소설이다. 장편소설로는 가장 이른 시기라 할 수 있는 17세기 말에 창작되어 가장 높은 인기를 누린 작품이다. 위로는 임금에서 아래로는 기생에 이르기까지 조선 사람들이 가장 애호한 소설이었다. 그래서인지 대한민국 정부 수립 후 일찍부터 중고등학교 교육과정에 수용되어 『구운몽』과 양소유, 그리고 팔선녀를 모르는 한국인은 거의 없다. 하지만 『구운몽』을 모르는 사람도 없지만, 제대로 아는 사람도 거의 없다. 더욱이 조금 아는 사람 중에서조차 그 고전적 가치를 설명할 수 있는 사람은 더욱 적다.

九雲夢 上

蓮花峯大開法宇　真上人幻生揚家

天下名山曰有五焉東曰東岳即泰山西曰西岳即
華山南曰南岳即衡山北曰北岳即恒山中央之山
曰中岳即嵩山此所謂五岳也五岳之中惟衡山距
中土最遠九疑之山在其南洞庭之湖經其北湘江

십오 년쯤 지난 일이다. 한국문학 학계의 원로들을 모시고 지방의 학회에 다녀온 일이 있다. 내가 운전을 했고 여러 시간 좁은 차 속에 함께 있다 보니 평소 가슴속에 묻어둔 질문을 할 수 있는 기회가 되었다. 나는 『조선왕조소설연구』 등의 명저를 남기고 돌아가신 황패강 선생께 "『구운몽』이 어떤 점에서 고전이라고 할 수 있습니까?" 하고 다소 당돌한 질문을 던졌다. 당시 『구운몽』의 고전적 가치에 대해서는 누구도 부정하지 않았으니, 자칫하면 『구운몽』뿐만 아니라 한국문학의 가치마저 부정하는 질문이 될 수 있었다. 나도 이런 형편을 잘 알고 있었지만, 한국고전문학을 공부하는 대학원생인 내게 그 물음은 너무도 절박했다. 선생께서는 짧게 『구운몽』은 성진과 양소유를 통해 인간의 이중성을 폭로한 점에서 가치를 지닌다고 하셨다. 한 인간이 두 인격을 보인 것이 마치 『지킬 박사와 하이드』 같다고 하셨다. 선생의 답변은 『구운몽』의 가치를 다시 생각하게 했다. 그러나 그 짧은 답변이 내 의혹을 완전히 해소하지는 못했다.

『구운몽』은 조선시대를 대표하는 소설이다. 장편소설로는 가장 이른 시기라 할 수 있는 17세기 말에 창작되어 가장 높은 인기를 누린 작품이다. 위로는 임금에서 아래로는 기생에 이르기까지 조선 사람들이 가장 애호한 소설이었다. 그래서인지 대한민국 정부 수립 후 일찍부터 중고등학교 교육과정에 수용되어 『구운몽』과 양소유, 그리고 팔선녀를 모르는 한국인은 거의 없다. 그러나 『구운몽』을 모르는 사람도 없지만, 제대로 아는 사람도 거의 없다. 더욱이 조금 안다는 사람 중에서 그 고전적 가치를 설명할 수 있는 사람은 더욱 적다. 대개는 내심 한 호색한이 여덟 여자를 만나 세상의 부귀영화를 배불리 누리다가 말년에 이르러 그것이 모두 헛된 꿈에 불과하다는 것을 깨닫는다는 '시시한' 내용을 담고 있다고 여긴다. 일반인뿐만 아니라 연구자들조차 그렇게 생각하는 사람이 적지 않다. 젊은 시절의 나처럼 말이다.

심지어 어떤 분은 좀더 적극적으로 『구운몽』을 '음란소설', '외설소설', '불효소설'이라고 하면서 중고등학교 교육과정에서 추방해야 한다고 주장하기도 했다.[1] 음란이니 외설이니 하는 말이야 양소유가 여덟 여자와 산다는 설정만으로도 짐작할 수 있지만, 불효라는 말은 좀 납득하기 어려울 것이다. 양소유가 어머니와 일언반구 상의도 없이 결혼을 하고, 또 타향으로 나가서는 어머니를 향해 절절한 정을 보여주지 않았다는 점을 불효로 본 것이다. 이처럼 불효한 호색한이 여러 여자를 거느리고 희롱하는 소설이니 청소년 교육에 도움이 되기는커녕 방해만 된다는 것이다. 정말 그렇다면, 『구운몽』은 고전은커녕 금서로 지목되어야 할 판이다. 이처럼 『구운몽』은 당대에 폭발적인 인기를 누리고 온 국민이 사랑하는 작품이었지만, 그것의 고전적, 교육적 가치는 잘 설명되어 있지 않았을 뿐만 아니라 부정

되기까지 했다.

세계의 어떤 고전도 현대의 감각과 가치 기준을 온전히 만족시키기는 어렵다. 하지만 무릇 고전이라면 현대에도 그 의의가 어느 정도는 인정되어야 한다. 『구운몽』이 고전이라면 당연히 그 가치가 설명되어야 하는 것이다. 그러기 위해서는 먼저 현대적 가치 기준에서 재해석될 필요가 있다. 세계 최고의 고전으로 손꼽는 여러 종교 경전조차 언제나 재해석이 요구되는 판이니, 『구운몽』 역시 그 절차가 필요한 것이다.

그런데 『구운몽』은 해석에 필요한 관련 기록이나 자료가 별로 많지 않다. 『구운몽』이 창작되어 널리 읽힌 조선 후기에 소설은 그리 가치 있는 대상이 아니었다. 따라서 그에 대해서는 구체적인 정보도, 본격적인 비평도 거의 없다.

이런 상황에서 『구운몽』을 소재로 삼은 그림은 중요한 가치를 지닌다. 그림을 통해 옛사람들이 『구운몽』을 어떻게 읽었는지 알 수 있기 때문이다. 이 책은 〈구운몽도〉에 대한 최초의 본격적인 연구이다. 삼사십 년 전부터 이미 〈구운몽도〉의 존재는 알려졌지만 단편적인 소개에 그쳤다. 나는 이십 년 동안 〈구운몽도〉를 모으면서 근 사십 점에 이르는 작품을 확인할 수 있었고, 이로써 〈구운몽도〉의 특징을 어느 정도 밝힐 수 있게 되었다.

〈구운몽도〉는 『구운몽』 이해의 보조 자료에 그치지 않는다. 〈구운몽도〉는 그 자체로도 독특한 미적 세계를 형성하고 있다. 특히 일종의 환상소설인 『구운몽』을 그림으로써 〈구운몽도〉는 다른 데서 보기 어려운 조선인들의 환상 세계를 극명히 보여주었다는 의의가 있다. 이제 〈구운몽도〉를 통해 조선인들의 환상 공간으로 들어가보자.

영조 임금이 읽은 『구운몽』

조선시대 왕의 비서실이라 할 수 있는 승정원에서는 왕의 거동과 언행을 자세히 기록하여 그것을 『승정원일기』라는 일지에 담았다. 『승정원일기』는 『조선왕조실록』 편찬에 이용되는 가장 중요한 사료로, 『조선왕조실록』에는 잘 담기지 않은 왕의 세세한 일상사까지들어 있다. 조선시대 기록문화를 대표하는 국보이다. 바로 여기서 영조 임금의 『구운몽』 독서를 볼 수 있다.

『승정원일기』에서 영조는 모두 세 군데에서 『구운몽』을 언급했다. 이는 임금이 직접 소설을, 그것도 『삼국지』 등의 중국소설이 아닌 한국소설을 거론한 거의 유일한 예다. 맨 처음기록은 영조가 쉰여덟 살 때인 1751년에 보인다. 영조는 먼저 중국의 로맨스 소설이라고할 수 있는 재자가인才子佳人 소설 『평산냉연平山冷燕』의 문장 수준에 대해 언급한 후, 별안간 『구운몽』의 작가가 누구인지 물었다. 정황을 보면 영조가 『구운몽』을 읽고 작가가궁금해서 신하들에게 물었던 것으로 이해된다. 왕조차 작품을 읽으면서도 작가가 누구인지 모를 정도로 독자들은 작가에 대해 관심이 없었고 또 알기도 어려웠다. 영조의 물음에신하들은 작가가 김만중이라고 일러주었다. 이에 영조는 문장으로 유명한 이의현李宜顯, 1669~1745이 작가일 거라 생각했다고 말한다. 그만큼 영조가 『구운몽』의 문장이 우수하다고 보았다는 말이다.

지금이야 누구나 『구운몽』의 작가를 김만중으로 알고 있지만 조선시대에는 『구운몽』의작가에 대해 여러 설이 있었다. 실제로 『구운몽』의 작가와 관련된 기록을 모아보면, 김만중이 지었다고 한 것보다 오히려 김만중의 종손자인 김춘택이 창작했다고 쓴 것이 더 많다. 작가에 대해 이렇게 알려져 있으니 임금조차 제대로 된 정보를 얻을 수 없었던 것이다. 영조의 딸인 화협옹주의 시아버지인 약방藥房의 제조提調 신만申晚이 김만중의 종손자인 승지 김양택에게 직접 들었다면서 김만중이 지은 것이 맞고 그가 어머니를 위해 지었다는 창작 동기까지 알려주었다.

노년의 영조는 눈도 아프고 몸도 아파서 책 보기가 어려웠다. 그래서 신하들을 불러 소설을 읽으라고 하면서 시간을 보낼 때가 많았다. 『승정원일기』 1758년 10월 4일조에는 영조의 우스갯소리까지 적고 있다. 이때 영조는 예순다섯 살로 자주 아팠고 잠도 잘 자지 못했다. 왕비 정성왕후와 대비 인원왕후의 삼년상을 지내는 중이기도 했다. 그날 영조는 늦은 밤 집무실로 가서 신하들을 만났는데, 밤 열두시를 알리는 북소리가 들렸다. 이에 신하들은 밤이 늦었다며 연일 잠을 못 주무시니 한글소설을 읽어드릴 테니 주무시라고 권했다. 이 말을 들은 영조는 잠을 청할 때는 한글소설은 적당하지 않고 따분한 한문책이 좋다고 하면서 신하들한테 다음 이야기를 들려주었다.

옛날에 한 아낙이 아기가 울자 한문책을 들어 아기 얼굴을 덮었다네. 옆에 있는 사람이 무슨 까닭으로 이리 하는지 묻자, 아낙이 말하기를 "얘 아비가 평소 책만 들면 눕고 누우면 바로 잠이 들기에, 이놈도 잠 좀 자라고 이렇게 했지요" 했다네. 그러니 잠을 청하는 데는 한문책이 맞지 않겠나.

이 이야기는 조선시대 소화집笑話集에도 전하는 것으로, 영조는 자기가 듣고 보아 아는 이야기를 신하들에게 들려준 것이다. 임금까지도 한글소설을 즐겨 읽었음을 알게 하는 기사記事다. 지금까지 한글소설은 궁중의 비빈, 궁녀 들이나 읽은 것으로 생각했는데, 임금도 즐겨 읽었던 것이다.

영조는 첫 질문으로부터 십 년 후인 1761년 다시 신하들에게 『구운몽』의 작가에 대해 물었다. 전에 물었던 것은 벌써 잊었던 것이다. 영조는 작가가 김만중의 조카인 김진규가 아닌가 하고 물었다. 그러자 영조의 사돈이자 사도세자의 장인인 홍봉한이 맞다고 맞장구

쳤다. 이에 영조는 『구운몽』을 "좋은 글"이라고 칭찬했다. 또 이로부터 이 년 후에도 이 둘은 다시 『구운몽』에 대해 이야기했는데, 영조는 『구운몽』의 포서鋪敍, 곧 짜임이 매우 훌륭하다고 하면서, "정말 문장 솜씨가 있다"라고 최고의 찬사를 보냈다.

이처럼 『구운몽』은 영조에게 최고의 찬사를 받으며 몇 번이나 거듭 읽힌 작품이었다. 영조의 아들인 사도세자가 『구운몽』을 읽었는지는 알 수 없지만, 사도세자가 직접 쓴 『중국소설회모본』(국립중앙도서관 소장)의 서문을 보면 사도세자 역시 대단한 소설 애호가임을 알 수 있다. 그러니 아마 『구운몽』도 읽었을 것이다. 한편 사도세자의 아들인 정조는 원래 소설 잡서를 좋아하지 않았다고 한다. 다만 1792년 『시경詩經』 가운데서 시 백 편을 골라 『모시백선毛詩百選』이라는 책을 만들고 그것을 한글로 번역해 어머니 혜경궁에게 올린 일이 있었는데, 이때 정조는 김만중이 『구운몽』을 지어 어머니에게 바친 예를 인용하였다. 정조가 『구운몽』을 읽었는지는 알 수 없지만, 『구운몽』에 대해서는 잘 알고 있었던 것이다. 정조의 문집 『홍재전서弘齋全書』에 나오는 말이다.

그런데 『구운몽』에 빠진 사람은 임금만이 아니었다. 수많은 문인, 학자 들이 『구운몽』에 대해 언급했고, 또 『춘향전』 등 문학작품에 인용되거나 언급된 것은 이루 헤아릴 수 없다. 한 예를 들면 19세기 황해도 해주의 기생 명선은 자신의 반생을 돌아보는 노래에서 자기 신세를 『구운몽』에 등장하는 기생 계섬월에 빗대고 있다.[2] 이처럼 『구운몽』은 궁궐의 임금부터 시골의 기생까지 즐겨 읽은 작품으로, 최상층부터 최하층까지 조선 전 지역에서 모든 계층의 사랑을 받은 최초의 국민문학이라고 말할 수 있다.

최초의 베스트셀러 소설, 『구운몽』

『구운몽』은 조선시대 소설사에서 여러모로 주목할 만한 특징과 의의를 지닌 작품이다. 먼저 일러둘 것은 작가와 창작 연도가 밝혀진 작품이라는 점이다. 현대소설이야 창작 정보가 확실하지만, 조선시대 소설은 그렇지 않았다. 이는 서양은 물론 중국이나 일본과도 뚜렷이 구별되는 조선만의 특징이다. 조선시대 소설, 특히 한글소설은 대부분 작가를 알 수 없으며, 따라서 창작 연도는 더욱 알기 어렵다. 그런 점에서 볼 때 1687년 서포西浦 김만중金萬重, 1637~1692이 『구운몽』을 썼다는 사실이 밝혀진 것은 놀라운 일이다. 물론 『구운몽』의 경우에도 작가가 직접 창작 사실을 밝힌 것은 아니다. 후손이 쓴 연보年譜에서 확인한 것이다.

또 『구운몽』은 1725년 을사년에 처음 목판으로 간행되었는데 이 역시 특징적인 것이다. 세상에 널리 알려진 창작 동기에 따르면, 『구운몽』은 출간될 이유가 없다. 유배 간 김만중이 걱정하고 있을 어머니를 위로하기 위하여 지었다고 했으니, 어머니께 보이면 그만이지 출간까지 할 필요는 없었던 것이다. 『구운몽』의 출간은 김만중이 죽은 후 삼십 년도 더 지나 이루어졌다. 이는 한국소설로는 최초의 민간 출판이다. 한국은 세계 최초로 금속활자 출판을 한 인쇄 선진국이지만, 소설을 출판한 일은 많지 않았다. 『구운몽』 전에는 『전등신화』, 『삼국지연의』를 비롯한 중국소설과 한국소설로는 『금오신화』가 출간되었지만, 『구운몽』 간행과는 성격이 다르다. 전자의 출간 주체는 교서관校書館, 지방 관청 등 관청이지만, 『구운몽』은 출간 주체가 민간으로 상업적 성격이 더욱 강하기 때문이다. 책 맨 마지막에 "숭정재도을사금성오문신간崇禎再度乙巳錦城午門新刊"이라는 간기刊記가 있는데, '숭정재도을사'는 명나라 마지막 연호인 숭정 연간 후 두 번째 을사년이라는 뜻으로 1725년을 가리키고, 금성은 전라도 나주를 가리키며, 오문은 남문南門이다. 보통 성 남문 근처에는 서민들이 사는데, 전라도 나주의 민간에서 누군가가 간행한 것임을 알 수 있다. 한국 최초의 소설 민간 출판이 서울이 아니라 전라도 나주에서 이루어졌다는 점은 특기할 만한 일이다. 나주는 전라도의 질 높은 종이를 쉽게 구할 수 있을 뿐만 아니라, 유구한 목판 출판의 전통을 가지고 있기도 하다. 여기에다 강과 바다를 끼고 있어서 수운을 통해 유통 비용을 줄일 수 있는 장점도 있었다. 나주에서 출간된 『구운몽』은 전라도를 넘어 전국에 유통되었을 것이다. 그리고 이 새로운 유통 방식이 『구운몽』의 인기를 더욱 높였을 것이다.

2

그림으로 읽는
『구운몽』

성진이 다른 길이 없어 곤란하다고 하자, 선녀들은 길잎을 타고 바다를 건넌 달마존자의 예를 들며, 육관대사의
제자라면서 신통술로 해결하면 되지 길 하나를 가지고 여자들과 다투느냐고 꾸짖었다. 이에 성진은 길 값을 내
겠다며 복숭아꽃 한 가지를 꺾어 팔선녀에게 던지는데, 그 여덟 봉오리는 모두 옥구슬로 바뀌어 팔선녀 앞에 떨
어졌다. 팔선녀는 앞앞에 놓인 구슬을 주운 다음 바람을 타고 공중으로 날아가버렸다. 이 장면은 성진과 팔선녀
의 운명적인 만남을 암시한다.

보기 좋은 병풍차에 〈백동자도〉 〈요지연도〉

〈곽분양행락도〉와 〈강남금릉경직도〉며

한가한 〈소상팔경〉은 산수山水도 기이하다

다락벽에 〈계견사호〉 장지문엔 〈어약용문〉

〈해학반도〉 〈십장생〉과 벽장문차 〈매죽난국〉

두루마리 볼작시면 『구운몽』의 성진이가

팔선녀 희롱하며 복숭아꽃 던지는 모습

　인용문은 『한양가漢陽歌』의 일부다. 『한양가』는 1844년에 지은 것으로 서울의 풍물을 노래한 장편 가사다. 위에 인용한 것은 서울 청계천 광통교 남단에 있었던 그림가게를 그린 부분이다. 그림가게에는 마치 요즘의 미술관처럼 많은 그림이 있다. 병풍 그림으로 〈백동자도百童子圖〉 〈요지연도瑤池宴圖〉 〈곽분양행락도郭汾陽行樂圖〉 〈경직도耕織圖〉 〈소상팔경도瀟湘八景圖〉가 있고, 다락벽, 장지문, 벽장문 등에 붙이는 그림으로 〈계견사호도鷄犬獅虎圖〉 〈어약용문도魚躍龍門圖〉 〈해학반도도海鶴蟠桃圖〉 〈십장생도十長生圖〉 〈사군자도四君子圖〉가 있으며, 두루마리 그림으로 〈구운몽도〉가 있었다. 이들 그림들은 뒤에서 다시 소개되겠지만, 대개 신선 잔치, 부귀 행락 등을 그린 화려한 채색의 민화풍 그림이다.

강이천姜彛天, 1769~1801의 「한경사漢京詞」라는 시에는 광통교 그림가게에서 환상적이고 화려한 그림들을 다리에 걸어놓은 장면이 그려져 있다.

한낮 광통교에 그림이 걸렸으니	日中橋柱掛丹青
여러 폭 긴 비단은 방문과 병풍에 붙이겠네	累幅長絹可幛屏
근래 가장 많은 것은 고급 화원의 솜씨인데	最有近來高院手
인기 높은 속화는 살아 있는 듯이 묘하도다	多耽俗畵妙如生

다리에 걸린 그림들은 비단에 그려졌고, 장지문이나 병풍에 붙일 수 있는 크기였다. 그 그림을 '속화'라고 했는데, 이는 곧 민화다. 앞의 『한양가』에 나온 그림들이다. 화가는 '고원'에 있는 사람이 많다고 했는데, 고원은 궁중에 속한 도화서로 이해된다.

『한양가』를 보면 그림은 크게 세 가지 형식으로 제작되었음을 알 수 있다. 첫번째는 벽에 붙이는 그림인 부벽화付壁畵이고, 두번째는 두루마리이며, 세번째는 병풍이다. 병풍용은 보통 6첩, 8첩, 10첩이 한 조를 이루고, 부벽화는 대개 낱장 또는 두 장이 한 조를 이룬다. 두루마리는 대개 상대적으로 작은 그림이다. 그림에 따라 그림틀이 정해져 있는 것은 아니다. 〈십장생도〉나 〈해학반도도〉가 병풍으로 제작되기도 했고, 〈요지연도〉나 〈경

도3 〈구운몽도〉 병풍, 경기대학교박물관 소장, 필자 사진

직도〉가 부벽화로 그려질 수도 있었다.

『한양가』에서는 〈구운몽도〉가 두루마리 그림으로 그려졌다지만, 현전하는 〈구운몽도〉는 거의 병풍이다. 어떤 민화는 화첩의 형태로 전하기도 하지만 〈구운몽도〉 가운데 그런 것은 보지 못했다. 또 부채에 그려진 〈구운몽도〉도 있지만 이는 최근에 그려진 것이다. 다른 나라와 달리 한국의 고전소설은 삽화가 없는데, 그나마 『구운몽』은 기독교 선교사인 게일James S. Gale이 영어로 번역한 책에 수록된 16장의 삽화와 근대 이후 출간된 활자본 소설의 표지화가 있다.

〈구운몽도〉 병풍은 4첩, 6첩, 8첩, 10첩 등으로 되어 있는데, 오로지 『구운몽』 그림만 있는 것도 있고, 〈옛이야기 그림〉 〈사냥 그림〉 등이 한 병풍에 섞여 있는 것도 있다. 대개는 8첩 또는 10첩이다.

〈구운몽도〉 병풍이 지닌 특징 몇 가지를 정리해보면, 첫째 다른 그림들과 혼합된 병풍이 드물지 않으며, 둘째 이야기 차례와 그림의 순서가 일치하는 것이 없고, 셋째 소설 내용과 차이가 있는 그림이 적지 않으며, 넷째 어떤 내용을 그렸는지 특정할 수 없는 그림이 드물지 않다는 점을 꼽을 수 있다.

일반적으로 병풍을 읽는 바른 순서는 오른쪽에서 왼쪽으로 시선을 옮겨가는 것인데, 그림의 차례가 『구운몽』의 이야기 전개에 따라 오른쪽에서 왼쪽으로 옮겨간 병풍은 하나도 찾아볼 수 없다. 또 소설 내용으로 보면 아이를 그려야 할 자리인데 노파를 그린다든지, 비수를 그려야 할 자리에 장검長劍을 그리는 등 소설 내용과 일치하지 않는 그림들이 상당수 발견된다. 이런 점 등을 통해 볼 때 〈구운몽도〉가 『구운몽』에 단단히 묶여 있지는 않음을 알 수 있다. 〈구운몽도〉는 이야기를 그림으로 보여주려고 한 것이라기보다 『구운몽』의 분위기와 이미지를 그림으로 표현하고자 한 것이다. 이는 조선 병풍이 가진 가장 중요한 기능인 장식성과 잘 부합한다.

8첩이든 10첩이든 그 한정된 장면으로는 장편소설인 『구운몽』을 온전히 옮길 수 없다. 『구운몽』은 기본적으로 사랑 이야기로, 성진과 팔선녀, 또는 양소유와 여덟 부인의 만남이 핵심이라 할 수 있다. 맨 처음 성진과 팔선녀가 돌다리에서 만나는 장면은 〈구운몽도〉의 대표 장면이고, 양소유가 여덟 처첩과 만나는 것은 기본 장면이다. 대표 장면과 기본 장면만 해도 9첩이 필

도4 **〈천하도〉, 「해동지도」 수록, 서울대학교 규장각 소장** | 조선 후기 사람들의 일반적인 세계 인식을 보여주는 지도이다. 한가운데 붉은색으로 중국이 표시되어 있고, 그 주변에 문명의 경계를 보여주는 산들이 있다. 북쪽에는 항산이 있고, 남쪽에는 성진이 사는 형산이 있다. 그 산 너머는 오랑캐의 땅인데, 조선은 그래도 문명 내부 지역으로 표시했지만, 일본과 안남 곧 베트남은 완전한 오랑캐의 영토에 표시했다. 이 지역에는 일목국이니 여인국이니 하는, 눈이 하나밖에 없는 사람이 사는 나라와 여인만 사는 나라 등 전설상의 나라들까지 함께 표시되어 있다. 철저히 중국 중심적 세계관에 기초한 지도이다. 지도의 구체적인 내용은 고대 중국의 인문지리서인 『산해경』에 크게 의지하고 있다.

요하니, 기껏 10첩의 병풍으로는 『구운몽』을 온전히 표현할 수 없다. 〈구운몽도〉는 이 밖에도 낙유원에서 양소유와 월왕이 자신이 가진 기녀들의 재주를 겨루는 장면, 육관대사가 깨달음을 주려고 양소유의 누대로 올라가는 장면, 각종 잔치 장면 등이 잘 그려져 있다. 한편 팔선녀와의 만남 중에는 계섬월, 정경패, 심요연과 만나는 장면처럼 자주 그려지는 것도 있고, 적경홍 장면처럼 별로 그려지지 않는 것도 있다. 또한 무엇을 그렸는지 불명확한 것도 있는데, 이런 여러 그림을 모두 합하면 〈구운몽도〉 병풍에 그려진 장면은 대략 스무 종 정도이다. 이제 이들 그림을 따라 『구운몽』을 읽어보자.

성진과 팔선녀, 돌다리에서 만나다

당나라 때 중국 서남쪽 형산衡山 연화봉蓮花峯에서 불법을 설파하던 육관대사라는 승려가 있었다. 지금이야 중국 호남성湖南省에 있는 형산은 마음만 먹으면 쉽게 갈 수 있는 곳이지만, 옛사람들의 세계관에서는 문명의 맨 끝에 우뚝 솟은, 멀어서도 못 가고 험해서도 못 가는, 거의 이를 수 없는, 세상에 실재하면서도 세상 밖에 존재하는 그런 곳이었다. 육관대사는 인도에서 연화봉으로 들어와 사람들에게 불법을 가르치며 산부처라는 칭송까지 얻고 있었다. 또 형산에는 위부인이라는 선녀가 여러 여제자를 거

〈구운몽도〉 돌다리 장면(부분)

느리며 신령한 자취를 남기고 있었다.

　육관대사의 제자로 성진性眞이라는 법명을 가진 승려가 있었다. 나이 스무 살에 용모와 재주가 빼어나, 스승의 사랑과 기대를 한몸에 받고 있었다. 하루는 성진이 대사의 심부름으로 용궁을 다녀오게 되었는데, 몇 번씩이나 대사의 설법을 듣던 동정호洞庭湖, 형산 북쪽의 큰 호수 용왕에게 감사를 전하기 위해서였다. 성진이 용궁으로 심부름을 간 사이 위부인의 제자 팔선녀가 육관대사에게 인사를 왔다. 용궁에 간 성진은 용왕의 강권을 이기지 못해 결국 계율을 어기고 술 몇 잔을 마셨는데, 돌아오는 길에 돌다리 위에서 집으로 돌아가는 팔선녀를 만났다. 술에 취해 어질어질해 찬 계곡물에 세수를 하고 술을 깨고자 했는데, 마침 풍겨오는 야릇한 향기에 넋을 잃고 그 향기를 좇아 물을 따라 올라가다가 돌다리 위에 앉아 놀고 있던 팔선녀를 만난 것이다.

성진은 선녀들에게 길을 비켜달라고 요구했다. 다리가 좁으니 건너갈 수 없다는 것이다. 그런데 선녀들은 비켜줄 생각은 하지 않고 다른 길로 돌아가라고 대꾸했다. 길을 두고 다툼이 벌어진 것이다. 하지만 이들의 다툼은 세상의 다툼과는 전혀 다르다. 자기 이해를 놓고 다투는 것이 아니라 그저 솜씨를 보여달라는 유희와 희롱에 불과하다. 성진이 다른 길이 없어 곤란하다고 하자, 선녀들은 갈잎을 타고 바다를 건넌 달마존자의 예를 들며, 육관대사의 제자라면서 신통술로 해결하면 되지 길 하나를 가지고 여자들과 다투느냐고 꾸짖었다. 이에 성진은 길 값을 내겠다며 복숭아꽃 한 가지를 꺾어 팔선녀에게 던지는데, 그 여덟 봉오리는 모두 옥구슬로 바뀌어 팔선녀 앞에 떨어졌다. 팔선녀는 앞앞에 놓인 구슬을 주운 다음 바람을 타고 공중으로 날아가버렸다. 이 장면은 성진과 팔선녀의 운명적인 만남을 암시한다.

한국자수박물관에 소장된 10첩의 자수 병풍 가운데 돌다리 장면을 보자. 돌다리 장면은 〈구운몽도〉를 대표하는 장면으로 가장 많은 그림이 남아 있다. 그림을 보면 계절은 봄이고 장소는 깊은 산골짜기다. 상단에 수직으로 쭉 뻗은 가파른 봉우리가 보통 사람들은 쉽게 범접하지 못할 곳임을 말해주는데, 그 속에 구름과 같은 높이에 육관대사의 암자가 보인다. 구름 위로 지붕과 탑 상단만 보이는 것이, 현실을 넘어선 천상의 공간임을 말해준다. 구름 아래로 폭포가 있고 거친 물살이 흐르는 계곡 위에 돌다리가 있다. 돌다리와 거친 계곡물은 작품의 공간을 분할하는 또하나의 요소

도5 〈구운몽도〉 돌다리 장면, 한국자수박물관 소장

다. 돌다리 아래쪽의 위부인과 선녀들이 사는 곳은 비록 같은 신선의 세계이긴 하지만 감정과 욕망이 살아 있는 곳이다. 반면 돌다리 위쪽 육관대사의 암자는 그 모든 것이 단절된 수도修道의 공간이다. 성진은 무욕無慾의 공간으로 들어가려 하면서, 거기서는 금지된 애욕愛慾을 마음껏 펼쳤던 것이다. 팔선녀는 날아갔으나 감정과 욕망은 끊지 못했고, 오히려 그것을 머리와 가슴에 담아두고 암자로 돌아갔다.

풍도 지옥으로 끌려가다

팔선녀와의 만남 이후 성진은 팔선녀를 잊을 수 없어 수행에 정진하지 못하는데, 이를 안 육관대사가 성진을 풍도酆都 지옥으로 내친다. 한국자수박물관의 다른 자수 병풍에는 저승사자가 구름을 타고 성진과 팔선녀를 지옥으로 끌고 가는 장면이 있다. 팔선녀 역시 육관대사의 명에 따라 풍도 지옥으로 끌려온 것이다. 지옥의 염라대왕은 그들을 벌주어 모두 인간 세상에 보내버린다.(36쪽)

성진이 인간 세상으로 들어가는 모습은 『구운몽』에서 가장 인상적인 장면이다. 염라대왕이 저승사자들을 불러 데려가라고 하자, 갑자기 큰바람이 불어와 그들을 하늘로 날려버린다. 바람이 그치자 한 곳에 닿았는데, 저승사자는 성진을 인도하여 한 집에 이른다. 저승사자는 성진한테는 밖에서 기다리라고 하고 자신은 안으로 들어간다. 성진이 들으니 이웃집 사람들이 양처사楊處士 부인의 출산이 임박했다고 한다. 성진은 자신이 어디에 환생할지 알고는 수도자로서 세상에 내처진 처지를 비관한다. 저승사자가 집으로 들어오라고 해서 가보니, 양처사가 부인에게 줄 약을 달이고 있다. 저승사자가 방으로 들어가라고 하자 성진은 어쩔 줄 몰라 머뭇거리는데, 이때 갑자기 저승사자가 뒤에서 밀쳐 성진은 허공에 엎어진다. 천지가 뒤집히며 정신이 아득해진다.

이때 성진은 그 유명한 구절 "구아救我, 구아"를 외친다. 이는 '나를 구하라'는 뜻이니, 결국 '살려줘'라는 말이다. 한글본 『구운몽』에서는 "나를 구하라"라고 표현하고 있는데 '살려줘'와는 다른 웅장한 남성적 울림이 있다. 한편 '구아救我'라는 말은 '참 자아를 찾으라'는 철학적 경구로도 이해된다. 그리고 동시에 발음 그 자체로는 '구아, 구아'가 '으앙, 으앙'이라는 신생아의 첫울음으로도 들리니, 참으로 절묘한 구절이다. 이 순간 성진은 수도자로서 세상에 내처지는 데 대한 자괴감과 새로운 세상에 대한 두려움, 그리고 갑자기 세상에 떨어지는 놀람 등을 한꺼번에 울음으로 뱉어낸 것이다. 『구운몽』이 서양 어느 나라의 소설이었다면 이 장면이 그림으로 그려졌을 법하다. 서양의 이야기 그림을 보면 이야기의 극적인 순간을 포착하여 그린 경우가 많기 때문이다. 뒤에서 소개한 〈수태고지〉도40, 41가 한 예가 된다. 하지만 〈구운몽도〉에서 이 장면을 그린 그림은 하나도 없다. 〈구운몽도〉의 낭만적 취향과 장식적 지향은 여기서도 짐작할 수 있다.

육관대사가 지옥에 보낸 공문

『구운몽』은 가볍게 읽는 소설이다. 그러니 독자들이 이것을 가지고 흥미로운 창작의 소재로 삼기도 했다. 여기서 소개하는 「의연화도량육관대사교부죄인성진어염라국이문擬蓮花道場六觀大師交付罪人性眞於閻羅國移文」 역시 그런 글이다. '연화도량의 육관대사가 죄인 성진을 염라국으로 이송하라고 보낸 협조문'을 가상으로 만들어본 것이다. 이 글의 작가는 순조 때 규장각 검서관 등을 지낸 이도간李道衎, 1790~1850년 이후이다. 서울대학교 규장각에는 이도간의 문집인 『희헌만고羲軒漫稿』가 소장되어 있으나, 여기에는 이 글이 없고 필자가 소장한 『희헌만고』 별책 맨 마지막에 실려 있다. 이 글은 여기서 처음 소개되는 것이며, 분량은 한 장 반 정도로 길지 않다.

육관대사는 성진이 수행에 정진하지 못하자 성진을 불러 꾸짖으며 그를 법문法門에서 내쫓으려 한다. 이에 성진은 벌을 받을 테니 내쫓지는 말라고 부탁하는데, 육관대사는 '네 스스로 나가려고 해서 가라고 한 것이라. 네 만일 법문에 머물고자 하면 누가 가라고 하겠느냐. 네 또 어디로 가냐고 물었는데 네 가고자 하는 곳이 네 갈 곳이라'라고 답한다. '네가 세상에 마음을 두고 있으니 그리로 가야 하지 않겠느냐'는 말이다. 이렇게 말한 다음 육관대사는 대뜸 크게 소리를 질러 "황건역사黃巾力士 어디 있느냐" 하며 성진을 얼른 염라대왕이 사는 풍도로 데려가게 한다.

풍도에 온 성진은 염라대왕을 만나는데, 염라대왕은 불문佛門의 죄인인 성진의 죄에 대해 옆에 있는 지장왕地藏王, 곧 지장보살에게 육관대사가 제자 성진을 보내 벌하라고 했다면서 어찌할지 묻는다. 이에 지장보살은 수행하는 사람이 불문에 오고 가는 일은 다 자기 뜻이니 구태여 물을 일이 아니라고 답한다. 성진이 세상에 마음을 두고 있으니 세상으로 보내라는 말이다. 『구운몽』에는 그저 이 정도로 나와 있을 뿐이다. 육관대사가 어떤 절차를 밟아 성진을 풍도로 보냈는지 아무런 설명이 없는 것이다. 이렇게 작품에서 빠진 부분을 이도간은 스스로 만들어 채워보았다. 심심풀이로 지은 희작戱作이다.

이 글은 "蓮花道場六觀大師爲相考事 伏以河沙蒸飯"으로 시작하여 "願主張於冥司相考之地爲遣 合行移關 請照驗施行 須至關者 右關閻羅國"으로 끝을 맺고 있다. 관청끼리 주고받는 협조문인 관문關文 형식을 띠고 있다. "연화도량의 육관대사가 협조 요청한 일. 엎드려 생각건대 속세의 하찮은 무리로서"와 "저승에서 살펴주시기를 원하옵고, 관문을 넘기오니 살펴 시행하기를 청하옵니다. 반드시 담당 부서에 전할 것. 이관처는 염라국"이라는 뜻으로, 전형적인 관문의 투식이다. 이 관문 역시 보통 공문처럼 이두문으로 적혀 있는데 '爲遣'을 '하고'로 읽는 식이다. 본문의 내용은 성진의 죄상을 고하고 처벌을 부탁하는 것이다. 소설을 읽으면서 독자가 작품의 부족한 부분을 채워넣는 제2의 창작은 전근대의 보편화된 독서 관행이었다. 〈구운몽도〉와 함께 또하나의 흥미로운 소설 독법이다.

한국인과 병풍

병풍을 다룬 거의 유일한 책인 미국인 맥쿤Evelyn B. McCune의 『한국의 병풍』(1983)에 서는 "모든 아시아 사람들이 병풍을 써왔지만 한국인들처럼 널리 사용하지는 않는다"고 말했다. 또 민화연구가 김호연 선생은 조선시대 그림의 3분의 2 정도가 병풍용이라고 했 고, 조자용 선생 역시 방송에 출연해서 민화는 거의 병풍으로 제작되었다고 말한 바 있 다.[3] 조선시대 그림 가운데 상당수가 병풍에 그려졌는데 이는 조선 사람들이 병풍과 생사 를 함께했기 때문이다. 조선 사람들은 병풍 앞에서 태어나, 병풍 앞에서 먹고 자며, 병풍 앞에서 죽어, 병풍 뒤에 놓았다가, 무덤으로 돌아갔던 것이다.

병풍이 이처럼 중요한 생활 가구이다보니, 웬만한 집안에서는 병풍 한 좌 갖추지 않은 집 이 없었다. 가난한 집에서는 행사 때 다른 집에서 빌려야 했다. 물론 병풍에는 그림만 있 지는 않았다. 글씨를 쓴 것도 많고, 글씨와 그림의 중간이라 할 〈문자도文字圖〉 병풍도 있 었다. 심지어 아무런 글씨나 그림이 없는 백지 병풍도 있었다. 또 그림 병풍만이 아니라 자수 병풍도 있었다.

서유구는 『임원경제지』(「이운지怡雲志」, 병장屛帳)에서 "원래 중국 병풍은 거울걸이나 횃대처럼 생긴 것에다 서화를 건 것이다. 요즘 사용하는 6첩, 8첩, 10첩으로 접게 만든 병 풍은 일본에서 들어온 것이다"라고 했다. 임금님 어좌 뒤에 놓인 〈일월오봉日月五峯〉 병 풍처럼 한 그림을 병풍 몇 첩에 이어붙인 왜장병倭粧屛도 궁중의 행사 그림과 같은 대형 병풍에서 간혹 볼 수 있지만, 대개는 한 첩에 한 장면씩 그려서 8첩이나 10첩이 되게 했 다. 크기는 큰 것은 세로 길이가 사람 키 정도 되는 것도 있고, 작은 것은 세로 4,50센티미

터의 머릿병풍 정도인 것도 적지 않다.

병풍은 말 그대로 바람이나 시선을 막는 방폐防蔽의 기능을 한다. 지금의 칸막이와 같다. 벽이 그리 바람을 잘 막아주지 못하던 시절, 병풍은 매서운 바람을 막아준 바람막이였다. 또한 상갓집에 쳐두는 백지 병풍처럼 삶과 죽음의 경계를 가르는 공간 분할의 기능도 했다. 다목적 가구였던 셈이다. 병풍은 훌륭한 실내장식 소품이기도 했는데, 〈산수도〉 병풍을 쳐두면 자연을 실내로 옮겨온 느낌이 들고, 〈모란〉 병풍을 두면 금방 방 안이 꽃밭이 되어버린다. 이런 분위기 조성의 기능은 예식에서는 그 행사에 걸맞은 역할을 한다. 혼례에는 교자상 뒤에 두어 결혼의 분위기를 화사하게 만들고, 환갑잔치 때는 잔칫상 뒤에 두어 축수의 분위기를 조성했다. 또 병풍에는 시구나 교훈적 잠언을 적기도 하고 어떤 기관의 규칙이나 행사의 절차를 적어두기도 했다. 병풍은 훈련과 교육의 자료이기도 했던 것이다.

자수 병풍 〈구운몽도〉

서울시 강남구에 있는 한국자수박물관에는 『구운몽』을 수놓은 자수 병풍이 몇 좌 있다. 신인숙 교수의 논문 「한국전통자수병 구운몽도에 관한 연구」에서 다룬 것이 두 좌이며, 〈구운몽도〉와 함께 다른 그림이 섞인 자수 병풍 한 좌는 내 눈으로 직접 확인했으니, 확인된 것만 세 좌인 셈이다. 이 박물관은 조각보자기 컬렉션으로도 유명한데, 마치 추상적 현대미술을 보는 듯한 보자기와 함께, 이들 자수 병풍은 감히 한국문화를 대표하는 미적 성취 가운데 하나라고 말할 수 있을 정도로 아름답다. 아름다운 한국의 자연을 금수강산 錦繡江山, 곧 비단 수를 놓은 산과 물이라고 말해왔는데, 금수강산이 무엇인지 이들 자수 병풍이 잘 보여준다.

이 몇 좌의 〈구운몽도〉 자수 병풍 가운데에서도 도5(33쪽)와 도12(60쪽)가 실린 10첩의 병풍은 명품 중의 명품이라 할 수 있다. 병풍 한 첩의 그림 크기는 세로 167cm, 가로 37cm로 비교적 대형 병풍이다. 『이렇게 좋은 자수』에 전체 그림이 수록되어 있다. 이 박물관의 허동화 관장은 자신의 저서 『우리가 정말 알아야 할 우리규방문화』에서 특별히 이 병풍의 입수 경위를 소상히 밝히고 있다. 그만큼 애착이 있는 것이다. 하루는 허관장이 〈구운몽도〉 자수 병풍이 인삼 밭에 있으리라는 영감을 받았다는데, 그로부터 얼마 후 인삼으로 유명한 충청도 금산에 〈구운몽도〉 자수 병풍이 있다는 말을 들었다고 한다. 그리고 입수를 위해 십 년 이상 정성을 기울인 끝에 마침내 그것을 살 수 있었다고 한다. 같은 박물관에 소장된 〈백동자도百童子圖, 여러 아이들이 노는 모습을 그린 그림〉 자수 병풍 역시 그 화풍과 수품繡品이 비슷한데, 이것은 임금이 평안감사 아무개에게 내린 것으로 전한다고 한다. 이 전문傳聞을 사실로 받아들이면 〈구운몽도〉 역시 궁중에서 제작된 것이라 할 것이다. 왕실이 아니라도 왕실 주변 또는 최고 권력층, 적어도 부유층 집 안에 둘러졌을 것이다. 19세기 말이나 20세기 초에 제작되었을 것으로 추정된다.

제임스 게일과 『구운몽』

　제임스 게일은 처음으로 『구운몽』을 영어로 번역한 사람이다. 1863년 캐나다 온타리오에서 태어난 게일은 대학을 졸업하자마자 YMCA의 평신도 선교사로 한국 땅을 밟았다. 1888년 12월이다. 이듬해 3월 해주 선비 이창직李昌稙을 만났다. 이창직은 게일의 『성경』 및 『천로역정』 번역 그리고 『한영자전』 편찬 등에 큰 도움을 준 인물이다. 1892년, 게일은 미국 북장로회의 선교사로 소속을 바꾸어 원산으로 갔고, 1898년부터는 서울 연동교회蓮洞教會의 목사를 맡아보았다. 그는 선교뿐만 아니라 한국학 분야에서도 주목할 만한 업적을 남겼다. 1927년 은퇴하여 한국을 떠났으며, 이후 여생의 대부분을 영국에서 보냈고, 1937년에 죽었다. 그의 유품은 1988년 그의 모교인 토론토대학에 기증되었다. 기증된 유품은 총 24상자에 달한다. 그 안에는 편지, 번역물, 저술 등이 있으며, 한국에서 수집한 필사본도 한 상자 있다. 이 유품에 대해서는 캐나다 브리티시컬럼비아대학의 킹Ross King 교수 등이 연구를 진행하고 있다.

게일의 『구운몽』 번역본은 그의 한국학 관련 번역물 가운데 대표작이라 할 수 있다. 제목은 'The Cloud Dream of the Nine'이라 하였고, 1922년 영국에서 출간했다. 번역의 주 저본으로는 가장 이른 『구운몽』 간행본인 1725년 전라도 나주에서 간행된 한문본을 택했다. 이 책은 최초의 『구운몽』 영역이라는 점에서도 작지 않은 의의가 있지만, 책 맨 앞에 실려 있는 스콧Elspet Keith Robertson Scott의 글은 『구운몽』에 관한 최초의 본격 논문 또는 평론으로 큰 가치가 있다. 스콧의 원래 이름은 엘스펫 키스Elspet Keith였는데, 남편 스콧Robertson Scott과 결혼하면서 두 사람의 이름을 붙여서 이렇게 긴 이름이 되었다. 엘스펫은 언니 엘리자베스 키스Elizabeth Keith를 일본으로 불렀는데, 엘리자베스는 영국 왕실에서 활동하던 화가였다. 동생과 함께 한국을 방문하여 서양인 최초로 한국에서 전시회를 열기도 한 엘리자베스는 한국을 사랑한 화가, 특히 판화가로 유명하다. 이들 자매가 한국을 방문했을 때 게일을 만난 것이 게일의 『구운몽』이 영국에서 간행된 계기였다.

게일은 일찍이 『천로역정』을 출간할 때도 삽화를 넣은 전례가 있다. 『천로역정』의 삽화는 원산을 근거지로 오래 활동한 유명한 풍속화가 김준근이 그렸다고 알려져 있다. 따라서 『구운몽』에 삽화가 들어간 것을 키스 자매와의 관련 때문으로만 볼 수는 없다. 하지만 이들과의 관계를 영 무시할 수는 없을 듯하다. 게일의 『구운몽』에 있는 16장의 삽화가 누구의 솜씨인지는 알 수 없다. 맨 앞의 돌다리 그림은 일반적인 〈구운몽도〉의 도상 전통과 일치하지만, 나머지 것들은 전형적인 〈구운몽도〉의 도상과 상당히 다르다. 〈구운몽도〉의 도상을 풍부하게 했다는 점에서도 이 삽화들은 큰 가치가 있다.

이리하여 성진은 양소유로 인간 세상에 첫발을 뗀다. 성진이 인간 세상의 양소유로 다시 태어난 것이다.

인간 세상에 태어나다

성진은 남악 형산과 멀지 않은 호북성湖北省의 양처사 집에서 태어났다. 때는 당나라 시절, 9세기 전반이다.[4] 소유少遊라는 이름을 얻었는데, 성진性眞이 참된 본성이라는 의미를 지닌 데 반해, 소유는 어려서 잠깐 놀았다는 뜻이니, 이름에서부터 그 성격이 드러난다. 게다가 소유의 성은 버들 '양楊'씨이고, 어머니는 버들 '류柳'씨이다. 가지가 축 늘어진 버드나무를 본 사람이라면 느낄 수 있듯이 버들가지는 춘정春情의 상징이다. 이름부터 양소유는 풍류를 타고난 것이다.

그런데 양소유의 아버지 양처사는 양소유가 열 살 때 자기는 원래 세상 사람이 아니라며 신선들이 사는 곳으로 떠나버린다. 세상 속 같지 않은 세상에 살았던 불제자 성진은 세상에 던져져서도 사람의 아들이 아니라 신선의 아들로 태어났던 것이다.

아무튼 양소유는 졸지에 아버지를 잃었다. 홀어머니의 양육을 받은 양소유는 열네댓 살이 되자 과거 시험을 보러 당나라의 서울인 장안으로 향한다.(83쪽)

진채봉을 만나다

 서울이 가까워지자 주위 풍경이 더욱 화려해진다. 양소유는 화음현에 이르러 저 멀리 버들 숲 사이에 있는 작은 누각을 보고 그 풍광에 취해 「양류사楊柳詞」, 곧 버들 노래를 지어 읊는다.

푸른 버들가지 베 짠 듯 늘어지니	楊柳靑如織
긴 가지 화려한 누각에 닿았네	長條拂畵樓
그대 부지런히 나무 심으라	願君勤栽植
버드나무 풍류가 최고니	此樹最風流
버드나무 어찌나 푸른지	楊柳何靑靑
긴 가지 누각 기둥에 닿았네	長條拂綺楹
그대 함부로 꺾지 마라	願君莫漫折
이 나무 가장 정겨우니	此樹最多情

 양류사는 중국의 한시 전통에서도 봄의 풍류와 사랑을 읊는 작품이다. 「양씨전楊氏傳」과 같은 당나라의 전기소설傳奇小說에도 나온다. 말하자면 양소유는 버들을 통해 사랑의 소망을 노래 부른 것이다. 읊기를 마치고 누각을 구경하러 계단을 올라가는데, 누각 가운데 어떤 아름다운 여인이 봄

도6 〈구운몽도〉 진채봉 장면, 경기대학교 박물관 소장

잠에 빠졌다가 시 읊는 소리에 깨어 창을 열고 누가 읊나 찾다가 양소유와 눈이 마주친다. 그 여인이 바로 진채봉인데, 양소유와 눈이 마주친 채 얼어붙어 한동안 아무 말도 못 한다. 그때 마침 양소유의 시종 아이가 저녁 식사가 준비되었다며 침묵을 깬다. 갑자기 부끄러워진 진채봉은 창을 닫는데, 창 너머로 향내만 바람에 날려올 뿐이다.

그림은 양소유가 진채봉을 만나는 장면이다. 진채봉은 성진이 양소유로 태어나 인간 세상에서 만나야 할 팔선녀 가운데 첫번째 인물이다. 이층 누각 위에 선 진채봉과 말을 탄 양소유가 흐뭇한 미소를 교환하고 있고 뒤따르는 동자는 빙그레 웃고 있다. 길에는 축 늘어진 버드나무가 둘러 있다. 소설에는 누각 계단을 올라가다 처음 눈을 맞춘 것으로 되어 있다. 그렇다면 이 장면은 만남의 순간을 그린 것이 아니다. 그런데 흐뭇한 미소로 보아 헤어질 때의 장면이라고 보기도 어렵다. 만남의 장면을 소설의 내용에 구애받지 않고 자유롭게 그린 것이라 할 수 있다. 이것이 〈구운몽도〉의 특징이다. 진채봉 장면은 누각 위에는 여인이 있고, 누각 아래에는 말을 타고 있거나 서 있는 남자가 있으며, 남자 주위에 늘어진 버드나무만 있으면 그만이다.

낙양 기생 계섬월을 첩으로 맞다

양소유가 진채봉과 「양류사」를 주고받으며 혼약을 정하려는 차에 마침 서울에 난리가 나서 전국이 소란해진다. 양소유는 잠시 난을 피했다가 돌아오는데, 그사이 진채봉의 아버지가 난중에 역적이 내린 벼슬을 받았다고 하여 형벌을 받다 죽고, 진채봉은 아버지와 연좌되어 궁중의 여종이 되었다는 소식을 듣는다. 양소유는 난리 때문에 과거를 보지 못하고 그냥 집으로 돌아온다.

이듬해 봄 양소유는 다시 과거를 보러 가는데, 가는 길에 번화한 낙양에 이른다. 낙양 천진교 옆 누각에서는 귀공자들이 기생들을 모아놓고 봄 경치를 구경하며 시회詩會를 열고 있었다. 양소유는 그 자리에 참석하여 귀공자들을 제치고 빼어난 시로 모두의 우상인 절대가인 계섬월의 마음을 사로잡는다. 귀공자들은 하릴없이 멀리서 온 양소유에게 계섬월을 뺏기고 마는데, 양소유가 계섬월과 따로 자리를 마련하려고 하니, 계섬월이 얼른 따라나와 다리 남쪽 앵두꽃이 무성한 집이 자기 집이라고 일러준다.

그림은 계명대학교 박물관 소장품이다. 이 박물관에는 〈구운몽도〉 병풍이 세 점이나 있는데, 이 그림은 박물관에서 간행한 도록에는 실리지 않은 것이다. 천진교 다리 위에 있는 계섬월이 저 멀리 그림 상단에 있는 앵두꽃이 무성한 집이 자기 집이라고 말하고 있다. 누각 위에는 기생 세 명과 귀공자 두 명이 있는데, 귀공자들은 계섬월이 집을 알려주는 모습을 지켜보며, 자신들이 계섬월을 차지하지 못함을 아쉬워하고 있다. 이날 저녁 계섬월은 양소유의 첩이 되겠다고 하면서, 기생 가운데는 강남의 만옥연과 하북의 적경홍이 이름 높다 하고, 규방 여인으로는 정경패가 당세 최고라

도7 〈구운몽도〉 계섬월 장면, 계명대학교 박물관 소장

고 추천한다. 계섬월은 양소유가 만난 두번째 여인이다.

여장을 하고 정경패에게 구애하다

계섬월과 헤어져 서울에 도착한 양소유는 계섬월이 추천한 정사도鄭司
徒, 사도는 벼슬 이름의 딸 정경패를 마음에 두고 있다. 그러나 정경패가 일절
바깥출입을 하지 않는 규방 여자라 볼 길이 없어서 안타까워한다. 그러다
도교 사원에서 중임을 맡고 있는 어머니의 외사촌 두연사杜鍊師, 연사는 도
교 승려의 존칭의 도움으로, 여자 도교 승려로 변장하여 정경패의 집에 들어
간다.

양소유는 정경패 모녀가 음률에 정통하고 거문고 연주를 좋아함을 알
고, 먼저 정경패의 어머니 최씨와 만나 거문고를 연주하며 음악을 논하는
데, 정경패가 보이지 않자 정경패를 청한다. 최씨가 정경패를 부르니 정경
패는 시비에게 이끌려 나와 최씨 옆에 모로 앉아 양소유의 연주를 감상한
다. 그런데 양소유가 마지막 곡을 연주하니 정경패가 얼른 자리를 피한다.
양소유가 마지막에 연주한 곡은 옛날 사마상여司馬相如가 탁문군卓文君을
유혹하면서 탔던 〈봉구황鳳求凰〉이다. 노래 제목은 '봉새가 황새를 찾는다'
는 뜻이다. 봉새나 황새나 모두 전설 속의 새로 각각 수컷과 암컷을 가리
킨다. 남자가 자기의 여자를 찾고 있다는 말이다. 정경패는 연주의 의도를

도8 〈구운몽도〉 정경패 장면, 경기대학교박물관
소장

알아차리고 양소유의 정체를 의심하여 얼른 자리를 피한 것이다.(85쪽)

그림에서 거문고를 연주하는 사람은 여장한 양소유이고, 옆에서 듣고 있는 여인은 정경패이다. 최부인은 시녀 둘 사이에 앉아 있다. 다른 그림들을 보면 이 그림처럼 인물들이 의자에 앉아 연주를 듣는 것도 있지만, 그냥 방바닥에 앉아 있는 그림도 적지 않다. 대체로 전자는 중국풍이 강하고 후자는 토속적이다. 소설의 원배경을 많이 의식한 그림과 소설의 배경이 중국이라는 사실을 별로 개의치 않는 그림의 차이로도 생각된다. 정경패는 양소유의 세번째 여인이다.

선녀로 변장한 가춘운에게 속다

이후 양소유는 몇 차례의 과거 시험에서 연거푸 장원급제를 한다. 그러자 여러 곳에서 청혼이 들어왔다. 하지만 이 모두를 물리치고 정사도의 집에 장가들고자 한다. 정경패는 양소유의 청혼을 받아들였다. 하지만 전에 속임수에 넘어가 처녀로서 외간 남자와 한자리에 있었던 일을 수치스럽게 여겼다. 그래서 이번에는 자기가 한번 양소유를 속여 억울함을 풀겠다고 한다. 자기의 여종이면서 몸을 나눈 것처럼 절친한 친구인 가춘운을 선녀로 변장시켜 양소유를 놀리고자 한다.

정경패의 사촌 정십삼랑鄭十三郞이 그 일을 인도하는데, 먼저 양소유를

서울 근처 종남산 깊은 골짜기에 있는 정경패 집의 산장으로 유인한다. 정
십삼랑은 깊은 골짜기로 들어가다 갑자기 일이 생겼다며 집으로 돌아가
고, 흥에 겨운 양소유는 걸음을 멈추지 못해 술병을 든 아이와 함께 골짜
기로 계속 들어간다. 계곡을 따라 들어가다보니 계수나무 잎이 떠내려와
주웠는데, "신선의 삽살개가 구름 밖에서 짖으니 양랑楊郎이 오시나보다"
라고 쓰여 있어 깜짝 놀란다. 시를 적은 나뭇잎을 물에 흘려보내 인연을
맺었다는 이야기는 이미 당나라 우우于祐의 이야기로 널리 알려져 있으니,
뭔가 사랑이 이루어질 것 같은 기대감을 주는 부분이다.(87쪽)

 십 리를 더 가니 해가 지고 달이 떠오르는데, 열 살 남짓한 청의여동靑衣
女童이 양소유를 발견하고 "낭자여, 낭군이 오시나이다"라고 자기 주인에
게 고한다. 여동의 말을 들은 이는 가춘운인데, 가춘운은 날씬한 몸매에

도9 〈구운몽도〉 가춘운 장면, 경기대학교박물관
소장

홍초의紅綃衣를 입고 비취비녀를 꽂고 백옥패를 차고 복숭아꽃 아래에 선녀처럼 서 있다. 가춘운은 자신이 전설 속 선녀인 서왕모西王母의 시녀라고 한다. 가춘운과 하룻밤을 보낸 양소유는 마치 무산巫山의 선녀와 운우지락雲雨之樂을 나눈 듯 꿈에 취해 정신을 차리지 못하여, 주위 사람들의 놀림감이 된다. 양소유가 여장을 하여 정경패를 속이고, 가춘운이 선녀로 행세해 양소유를 속이는, 이런 피해자 없는 즐거운 속임수는 『구운몽』의 가장 중요한 흥미소이다.

그림도9을 아래에서부터 읽으면 양소유가 시동侍童을 데리고 깊은 계곡으로 들어가는 것을 볼 수 있다. 양소유의 사모관대를 통해 이미 그가 한림원 학사로 명관名官이 되었음을 알 수 있다. 상단에는 가춘운이 노파에게 무슨 말을 듣고 있다. 소설에서는 푸른 옷을 입은 여자아이가 말을 전했다고 했는데, 그림 속 노파는 마치 중국소설에 곧잘 등장하는 매파媒婆와 같다. 〈구운몽도〉는 대체로 『구운몽』의 세부에는 그다지 신경을 쓰지 않는다. 〈구운몽도〉를 감상하는 사람 역시 소설 내용의 세부에는 그리 신경을 쓰지 않았을 것이다. 가춘운은 양소유의 네번째 여인이다.

계섬월이 남장한 기생 적경홍을 만나다

양소유와 정경패가 속고 속이는 즐거운 소동을 벌인 후에 국가에 큰 변

〈구운몽도〉 적경홍 장면(부분)

란이 생긴다. 그중에서도 연왕燕王의 반역이 심각했는데, 양소유는 사신으로 가서 금세 연왕의 항복을 받고 온다. 돌아오는 길에 양소유는 남자로 변장한 적경홍을 만나 길벗이 되며, 또 낙양에서는 계섬월을 다시 만나 정회를 나눈다. 적경홍은 계섬월의 친구로 국중國中의 삼대 명기名妓 가운데 한 명이다. 계섬월은 적경홍을 양소유에게 천거한다.

그 과정에서 적경홍과 계섬월이 만나 반가움을 나누는 것을 본 양소유의 시동侍童이, 계섬월이 남자와 만난다며 양소유에게 일러바치는 해프닝이 있었다. 계섬월은 양소유에게는 말도 하지 않고 적경홍에게 자기 대신 양소유를 모시고 자게 한다. 양소유로서는 놀랍지만 기쁜 일이었다. 적경홍은 양소유의 다섯번째 여자다.

그림을 보면 상단에 담장 안쪽의 한 여인이 담장 밖의 한 남자와 얘기를 나누고 있다. 여인은 계섬월이고 남자는 남장한 적경홍이다. 이를 본 시동

도10 〈구운몽도〉 적경홍 장면, 경기대학교박물관
소장

이 계섬월이 남자랑 정담을 나눈다고 양소유에게 일러바친 것이다. 그런데 양소유는 대수롭지 않다는 표정이다. 『구운몽』에서 양소유에게는 어떤일도 대수로울 게 없다. 모든 일이 원하는 대로 풀리기 때문이다. 양소유도 항상 그 사실을 잘 아는 듯이 행동한다.

통소를 불어 난양공주의 학을 부르다

서울로 돌아온 양소유는 임금으로부터 큰 상을 받으나, 제후로 봉해지는 것은 힘써 사양하여 예부상서 겸 한림학사로 만족한다. 한림학사는 최고 교양을 갖춘 엘리트의 출세 코스로, 양양한 미래가 보장됨은 물론 양소유의 풍류적 성격과도 잘 맞는 자리다. 양소유는 자주 궁중에서 숙직을 섰는데, 어느 날 달 밝은 밤에 어디선가 통소 소리가 들려온다. 이에 양소유도 벽옥碧玉 통소를 내어 부는데, 청학 한 쌍이 처소로 내려와 춤을 춘다. 그런데 양소유가 분 통소 소리는 임금의 동생인 난양공주가 꿈에 선녀를 만나 전수받은 곡이었다. 원래 난양공주가 백옥 통소를 불면 청학 한 쌍이 날아왔는데, 양소유가 통소를 불자 그 학들이 양소유에게 가버린 것이다. 이리하여 통소와 청학의 인연으로 양소유와 난양공주가 맺어진다.

그림도11 하단에는 한림학사 양소유가 통소를 부니 학 두 마리가 날아와 춤추는 모습이 그려져 있다. 그리고 바로 위에는 난양공주가 통소를 놓

도11 〈구운몽도〉 난양공주 장면, 계명대학교박물관 소장

고 소리 나는 곳을 바라보고 있다. 그림의 학은 소설에 나온 청학이 아니라 백학이다. 학의 색깔은 중요하지 않다. 어떤 그림에는 황학도 있다. 난양공주는 나중에 정경패와 함께 양소유의 처가 된다.

그 사이 집안이 몰락해 궁녀가 된 진채봉은 다른 십여 인의 동료들과 함께 양소유가 시를 쓴 부채를 받는다. 임금이 양소유의 글재주를 칭찬하며 궁녀들에게 시를 지어주라고 했던 것이다. 그런데 양소유는 부채를 주면서도 진채봉을 알아보지 못했다. 진채봉은 다시 자신의 처지를 한탄하며, 그 안타까운 마음을 부채에 담아 화답시를 적는다. 그런데 마침 임금이 양소유가 쓴 시를 보고 싶다며 궁녀들이 받은 것들을 모두 거두어오라고 한다. 이리하여 임금은 진채봉이 오래전에 양소유와 「양류사」로 인연을 맺었음을 알게 된다.

자객 심요연을 첩으로 맞다

임금의 어머니, 곧 태후는 아들 둘과 딸 한 명을 두었는데, 임금과 월왕, 그리고 난양공주가 바로 그들이다. 임금과 태후는 재모가 빼어난 양소유를 공주의 배필로 점찍어두고 있었는데, 청학 사건을 듣고는 더욱 그를 부마로 맞고 싶어한다. 그런데 양소유는 이미 정경패와 정혼했음을 들어 사양한다. 양소유의 사양에도 임금과 태후는 혼사를 이루려고 하는데, 이에

도12 〈구운몽도〉 심요연 장면, 한국자수박물관 소장

양소유는 상소를 올려 자기 사정을 말한다. 양소유가 한사코 거부하자 태후는 크게 화를 내며 양소유를 옥에 가둬버린다. 그런데 마침 토번吐藩, 현재의 티베트이 침략해오자 임금은 다른 대안을 찾지 못해 양소유를 출옥시켜 대원수로 출정시킨다.

전장에 나간 양소유는 승전을 거듭한다. 양소유는 적석산 아래 이르러 진을 치는데, 사방에 나무울타리를 두르고 마름쇠를 깔게 하며 전군에 경계령을 내려 잠자지 말고 방비를 엄히 하라고 한다. 그리고 자신은 장막 안에서 촛불을 밝히고 병서를 본다. 그런데 한밤중이 되자 한줄기 찬바람이 불어와 촛불을 끄고 한 여자가 공중에서 내려온다. 여자의 손에는 서리 같은 비수가 들려 있다. 여자는 구름 같은 머리털을 올려 금비녀를 꽂고, 소매 좁은 전포에는 패랭이꽃을 수놓고, 발에는 봉의 머리를 수놓은 신을 신고, 허리에는 보검을 차고 있다. 이 자객이 바로 심요연인데, 그는 스승의 말을 듣고 귀인을 만나기 위해 검술을 배웠고, 뛰어난 검술로 양소유를 죽이는 자객이 되었다. 그러니 심요연은 처음부터 양소유를 죽이려는 자객이 아니라 양소유의 첩이 되기 위해 찾아온 손님이었던 셈이다. 칼을 들고 군진으로 들어온 심요연은 자기 사정을 양소유에게 고백한다.

그림은 한국자수박물관의 자수 병풍 가운데 한 첩이다. 상단에 심요연이 쌍칼을 교차시켜 들고 『구운몽』의 구운九雲을 상징하는 듯한 아홉 색의 구름을 타고 하늘에서 내려온다. 구름 아래에는 군진을 대표하는 장수의 수자기帥字旗가 하늘을 찌를 듯 우뚝하고, 그 아래에는 각색의 깃발과 창

〈구운몽도〉심요연 장면(부분)

검이 총총하다. 수자기가 꽂힌 군막에는 촛불을 켜놓고 병서를 펼쳐둔 대원수 양소유가 앉아 있다. 벌써 낌새를 채고 누군가를 기다리는 모습이다. 양소유는 군사들에게 자지 말고 방비를 단단히 하라고 했는데, 군사들은 별일이 없을 것을 아는지 자기 막사 안에서 또는 도깨비 방패에 기대어 대부분 졸고 있다. 소설에서는 심요연이 비수를 들고 있다고 했는데, 그림에서는 장검을 들고 있다. 그 모습이 마치 검무를 추는 기생처럼 아름답다. 심요연은 양소유의 일곱번째 여자다.

용왕의 딸 백능파를 위해 남해 태자와 싸우다

대원수 양소유는 다시 군대를 이끌고 반사곡이라는 계곡에 이른다. 여기서 적병에 포위되어 공격을 받는데, 적을 물리칠 계교를 생각하다가 밤이 되자 탁자에 기대어 잠깐 존다. 그런데 별안간 이상한 향기가 나더니 여자아이 두 명이 나타나 양소유를 어딘가로 안내한다. 양소유는 금안장을 얹은 말을 타고 화려한 복색의 시종 십수 명을 따라 용궁으로 들어간다. 용궁문에는 물고기 머리와 새우 수염을 한 군사가 지키고 있는데 양소유더러 궁궐 중앙에 놓인 백옥 의자에 앉으라 한다.

이어 시녀 십여 인이 한 여자를 옹위하여 들어오는데, 그 여자는 자신이 동정호 용왕의 딸 백능파라고 소개한다. 백능파는 남해 용왕의 결혼 요구를 피해 이곳 토번에 와 있노라고 했다. 그리고 양소유와는 하늘이 정한 인연이라면서 남편으로 모시겠다고 한다. 백능파는 양소유의 여덟번째 여자, 곧 마지막 여자다.

백능파는 비록 꿈속에서 만난 여자지만, 작품 마지막 부분에서 자연스레 현실(실제로는 이 역시 꿈이다) 인간들과 합류한다. 이때 백능파는 자신은 동정호와 소상강 사이에 살다가 환난을 만나 변방으로 갔는데, 양소유를 만나 쫓아왔다고 소개한다. 양소유는 인간이 아닌 이류異類까지 포함하여 여덟 명, 곧 인간 세상에 온 팔선녀를 모두 만난다. 남은 일은 여덟 여인과 양소유의 관계를 조정하는 것뿐이다.

양소유는 백능파를 맞아 잠자리에 드는데, 돌연 남해 태자가 무수한 군병을 거느리고 와서 양소유와 일전을 재촉한다. 태자가 잉어 제독과 자라 참군을 시켜 달려드니, 양소유가 백옥 손잡이의 채찍을 들어 공격을 명한다. 양소유는 단번에 적진을 깨고 태자를 사로잡는데, 양소유가 승전하자 동정호 용궁에서는 양소유를 청하여 성대한 잔치를 벌인다.

그림도13은 『구운몽』의 환상문학적 성격을 가장 잘 보여준다. 쌍검을 들고 구름을 타고 하늘에서 내려오는 심요연 장면도 환상적이지만 이 그림이 보여주는 공상적 세계에는 미치지 못한다. 그림의 양소유는 적병의 포위를 받은 상황에서 물리칠 계교를 생각하다가 탁자에 기대어 잠깐 존다. 그림은 꿈속의 일임을 나타내기 위해 양소유의 머리에서 나온 연기로 현실과 꿈을 나누어놓고 있다. 그림 상단은 양소유의 신병神兵과 남해 태자

도13 〈구운몽도〉 백능파 장면, 계명대학교박물관 소장

의 전쟁 장면이다. 왼쪽에 백마를 타고 월도月刀를 든 이가 양소유다. 신병들은 창검과 깃발을 들고 거침없이 파도 위를 질주하고 있다. 맨 오른편에는 잉어 제독(일부만 보인다), 아래에 자라 참군이 있고, 가운데는 붉은 옷을 입은 용머리의 남해 태자가 뒤를 돌아보며 달아나고 있다. 이 밖에게 머리와 새우 몸통을 한 병사들이 함께 쫓기고 있다. 삶과 죽음을 넘나드는 순간인데, 절박해 보이지는 않는다. 마치 무슨 경기를 하는 것 같고, 가면 축제를 보는 것 같다.

동정호 잔치를 마친 양소유는 동정호까지 간 김에 근처에 있는 남악 형산으로 구경을 간다. 남악 형산은 자신이 꿈꾸기 전에 살았던 곳인데 그것도 모르고 간 것이다. 남악 형산의 불제자인 성진이 꿈에 인간 세상에 보내져 양소유가 되었는데, 대원수가 된 양소유가 다시 꿈에 남악 형산을 찾아간 것이다.

양소유는 여기서 육관대사를 만난다. 양소유가 성진의 꿈속 인물임을 생각하면 성진이 꿈속의 꿈에서 스승을 만난 것이다. 육관대사는 양소유를 보고 "산중에 사는 중이라, 귀와 눈이 없어서 대원수께서 오시는 줄도 알지 못하여 멀리 나가 맞지 못했으니 그 죄를 용서하소서. 원수께서 아직은 돌아올 때가 아니나, 이왕 오셨으니 불전에 올라가 예불하소서"라고 의미심장한 말을 던진다. 이런 말까지 듣고도 그 총명한 양소유가 취한 사람처럼 예불만 하고 불전을 내려온다. 그리고 내려오다 발을 헛디뎌 잠에서 깬다. 잠에서 깬 양소유는 자신이 머물던 백룡담 위쪽을 가보는데, 거기에는 고기비늘이 가득하고 피가 냇물이 되어 흐르고 있었다. 꿈속 전쟁의 결과가 현실로 나타난 것이다. 이 소문을 들은 토번 사람들은 지레 두려워 항복하고 만다.

칠보시로 두 공주의 재주를 시험하다

양소유가 출전한 사이 태후는 정경패를 다른 곳에 시집 보내고 난양공주를 양소유와 결혼시키고자 한다. 그런데 난양공주는 양소유처럼 지위가 높고 훌륭한 사람에게는 부인이 두 명 있는 것도 무방하다면서 정경패가 과연 자신과 함께 양소유를 받들 만한 인물인지 알아보겠다고 한다. 난양공주는 자신이 손수 수놓은 족자를 매개로, 스스로를 평범한 사또의 누이 이소저라고 속이고, 직접 정경패를 만나보고는 정경패와 가춘운의 재모에 감탄한다. 난양공주의 말을 들은 태후도 정경패가 궁금해서 아예 정경패를 궁중으로 부른다.

태후 역시 감탄하며 정경패를 양녀로 삼고 난양공주와는 의자매를 맺게 한다. 그리고 이를 기념하여 칠보시七步詩를 짓게 한다. 칠보시란 일곱 걸음을 걷는 짧은 시간 안에 완성한 시를 가리킨다. 궁녀 중에 가는 허리에 발이 작고 걸음걸이가 고운 자를 가려 세우고, 시제를 내어 시를 짓게 했다. 마침 전각 앞 복숭아나무에 까치가 날아들어 이를 시제로 삼았다. 난

도14 〈구운몽도〉 칠보시 장면, 경기대학교박물관
소장

양공주와 정경패는 궁녀가 다섯 걸음도 걷기 전에 시를 완성하는 놀라운
재주를 보여준다.(88쪽)

그림 상단 가운데 앉은 사람이 태후이며 그 옆에 세 시녀가 있다. 서안
書案 앞에는 두 공주가 시를 짓고 있는데, 그 앞에는 일곱 걸음을 걸어가는
날렵한 궁녀가 있다. 그림의 인물들은 궁녀든 공주든 태후든 신분과 지위
가 판이한데도 복색에는 차이가 없다. 그저 태후는 앞머리 장식을 하나 더
한 정도이다. 이 화가는 비교적 세련된 그림 솜씨를 가지고 있으나 궁중
복색에는 무지한 사람으로 여겨진다.

두 공주와 결혼하다

임금은 난양공주와 의자매를 맺은 정경패를 영양공주로 봉한다. 그리고
진채봉의 안타까운 사정을 듣고 진채봉을 난양공주를 따르게 하여 양소유
의 첩이 되도록 한다. 한편 태후는 가춘운은 물론 정경패의 어머니까지 불
러, 정경패의 어머니에게 양소유가 돌아오거든 정경패가 병들어 죽었다고
속여서 어떻게 하는지 보자고 제안한다.

양소유는 토번을 정벌하고 개선하면서 자신의 공적으로 높은 벼슬을 받
는 대신 임금에게 정경패와의 결혼을 허락해달라고 청할 계획을 세운다.
그런데 정경패 집에 가니 정경패가 죽었다는 것 아닌가. 더욱이 정경패는

양소유에게 난양공주와 결혼하기를 바란다는 유언까지 남겼다고 한다. 양소유는 이 말을 들으며 심히 침통해한다.

양소유가 궁중으로 들어가니 임금이 다시 결혼 의사를 묻는데, 이번에는 자신의 두 여동생 모두와 결혼하라고 한다. 정경패가 공주가 된 줄도 모르고 두 공주와 결혼한 양소유는 첫날은 영양공주와, 이튿날은 난양공주와, 사흗날은 진채봉과 잠자리를 한다. 그런데 양소유는 영양공주가 정경패와 너무 닮은 듯하여 영양공주에게 속내를 비친다. 그런데 그 말을 들은 영양공주는 감히 자신을 여염집 여자와 비교한다며 거북해한다. 양소유는 영양공주의 반응을 보고 아무 응대도 못 하고, 공주라고 유세한다며 속으로만 못마땅히 여긴다.

그러다 양소유는 두 공주와 진채봉, 그리고 가춘운이 쌍륙雙六, 주사위 두 개를 던져 노는 장기와 비슷한 놀이을 치며 노는 것을 엿보다가 영양공주가 정경패인 것을 안다. 그리고 속은 것이 분하여 자기도 속이려고 일부러 정경패 때문에 상사병이 든 체한다. 양소유가 병으로 죽어가는 척하자 그제야 영양공주는 자신이 정경패임을 실토한다. 이렇게 모든 사태가 해결되자, 양소유는 고향에 계신 어머니를 모셔온다. 양소유는 임금이 하사한 새집에 들어가 택일하여 어머니를 모시고 폐백을 드리고 잔치를 하는데, 계섬월과 적경홍도 때맞춰 집으로 온다.

그림도15은 캐나다 출신의 선교사인 게일James Scarth Gale이 1922년 영어로 번역하여 출간한 『구운몽 The Cloud Dream of the Nine』의 삽화이다. 제

도15 〈구운몽도〉 결혼식과 헌수연 장면, 영문본 「구운몽」 수록

시한 그림에서는 뺐지만 원래는 그림 상단에 붓글씨로 "合졸席蘭英兩諱名 합근석난영양휘명 獻壽宴鴻月雙擅場헌수연홍월쌍천장"이라고 적혀 있다. 그리고 하단에는 영문으로 "The Wedding: Wildgoose and Moonlight"라고 제목이 달려 있다. 그림 제목이자 이 그림이 실린 소설의 장회章回 제목이다. 이 책에 실린 총 16장의 그림은 맨 앞에 나온 돌다리 장면을 빼고는 모두 한 면에 두 장면을 그리고 있다. 이 책의 번역 저본인 한문본 『구운몽』 역시 모두 16장으로 나뉘어 있으며, 각 장은 두 줄의 제목, 곧 두 가지 내용을 함축하고 있다. 16장의 그림이 각각 두 장면을 그리고 있는 것과 일치한다. 이 그림은 소설 제13장의 소제목과 같다. 영문 제목은 그 제목을 영어로 옮긴 것이다. 한자 제목은 '결혼식 자리에서 난양공주와 영양공주가 서로 높은 이름을 사양하다. 양소유 어머니의 수연환갑잔치에서 적경홍과 계섬월 두 사람이 장내를 압도하다'라는 뜻이다. 영문 제목은 '결혼식: 적경홍과 계섬월'로 줄여서 번역하였다. 적경홍과 계섬월의 이름자 중 기러기를 뜻하는 '홍'과 달을 뜻하는 '월'을 각각 이렇게 번역한 것이다.

그림을 보면 하단은 결혼식이고 상단은 수연이다. 결혼식은 궁인들이 들고 있는 부채와 일산 등의 의장儀仗이 아니라면 궁중의 결혼식이라고 말하기 어려울 정도로 초라하다. 뒤에 놓인 촛대와 교배상만이 결혼식임을 알려줄 뿐이다. 정중간에 앉은 이가 양소유고, 그 좌우에 두 공주가 앉은 듯하지만, 그림이 소략해 정확히 누구인지는 알 수 없다. 수연은 잔칫상 중간에 앉은 이가 양소유의 어머니이고, 양소유가 어머니에게 술잔을 올리는 장면으로 생각되지만, 이 역시 궁중 연회라기보다 민간의 간소한 환갑잔치를 보는 듯하다. 두 장면 사이에 구름을 두어 장면을 나누었다. 이런 장면 분할 방식은 『삼강행실도』 등에서 일찍이 시도된 것이다.

이제 남악 형산의 팔선녀는 모두 양소유의 처와 첩이 되었다. 팔선녀는 전생에는 모두 같은 위부인의 제자였지만, 현세에서는 가장 고귀한 공주부터, 그 아래로 귀가貴家의 규수, 한때 규수였으나 집안이 망하여 궁녀가 된 여인, 시비侍婢, 기생, 자객, 용왕의 딸 등 신분과 지위가 다양하다. 그 가운데 난양공주와 귀가 규수에서 공주가 된 정경패를 빼고는 모두 양소유의 첩이 된다. 현세의 운명은 전생의 지위와는 아무런 연관이 없는지 모른다. 지금은 지극히 존귀한 인물이라도 전생에는 하찮은 미물일 수 있고, 지금은 낮고 천해도 전생에는 그 무엇보다 존귀한 존재였을 수도 있는 것이다.

낙유원에서 기예를 겨루다

부마가 된 양소유의 궁중은 재주 있는 기녀들의 여악女樂으로 유명하다. 임금의 동생인 월왕의 궁중도 이에 못지않은데, 월왕이 어느 봄날 서울의 명승지인 낙유원樂遊原에서 사냥도 하고 풍류도 놀면서 양쪽 진영의 기예를 겨뤄보자고 제안한다. 양소유는 군복을 입고 좌우에 활과 화살을 차고 준마를 타고 가서 사냥을 하는데, 월왕이 화살로 사슴을 잡자 양소유는 날아가는 고니를 떨어뜨린다. 월왕은 두운선, 소규아, 만옥연, 호영영이라는 미인을 넷이나 데려왔는데, 양소유에게는 계섬월과 적경홍 둘뿐이어서 서운하다. 월왕 궁중의 네 미인이 노래하고 춤춘 다음에, 마지막으로 적경홍이 말을 타고 화살을 쏘아 개에 쫓긴 꿩을 떨어뜨린다. 양소유 편에서는 미인이 적어 더이상 기예를 자랑하지 못함을 아쉬워할 따름이다.

이때 심요연과 백능파가 수레를 타고 나타난다. 먼저 심요연이 검무를 선보이고, 이어 백능파가 이십오현금줄이 스물다섯인 거문고을 연주한다. 심요연의 붉은 화장이 햇빛에 비치니 봄눈이 복숭아꽃 수풀에 내려앉은 것처럼 눈부시다. 또 그 빛이 흰 무지개가 되어 하늘로 쏘니 돌연 찬바람이 일어나 장막을 찢는다. 일이 이 지경에 이르자 심요연은 월왕이 놀랄까봐 춤을 멈춘다. 백능파의 연주는 인간 세상에서는 들을 수 없는 천상의 곡조다. 이십오현금은 중국 고대의 전설적인 임금인 요임금의 딸이자 순임금의 두 부인인 아황과 여영이 연주했다는 악기다. 아황과 여영은 백능파가 사는 소상강 근처에서 죽었다. 거기에는 그들의 사당이 있다. 그렇게 백능파와 이십오현금을 연결한 것이다. 그런 다음 국중國中의 삼대三大 명기名妓 가운데 한 명인 만옥연이 아쟁을 연주함으로써 잔치는 끝난다.

세 그림도16, 17, 18은 모두 같은 장면을 그린 것이다. 말을 타고 꿩을 쏘는 사람은 적경홍이고, 검무를 추는 이는 심요연이다. 그 위에는 백능파가 이십오현금을 연주하고 있다. 월왕은 왕자이니 정면에 앉아 있고 양소유는 신하이니 그 왼쪽에 모로 앉아 있다. 궁중 예법에 지위가 다른 사람은

도16, 17, 18 〈구운몽도〉 낙유원 장면, 계명대학교박물관 소장

나란히 앉지 못하는 법이다. 모로 앉아야 한다. 이른바 곡좌曲坐다.

앞의 두 그림도16, 17은 화면 구성이 거의 동일하다. 그런데 맨 마지막 그림도18은 구도부터 다르다. 이십오현금을 연주하는 백능파가 빠졌을 뿐만 아니라, 더 중요한 것은 월왕과 양소유가 나란히 앉아 있다는 점이다. 월왕의 지위가 더 높다는 것을 보여주기 위해서 월왕 뒤에만 시녀가 부채를 들고 있고 첩 수가 많은 병풍을 세워두었을 뿐이다. 이 그림은 궁중의 기본 예법인 곡좌를 취하지 않았다. 게일의 번역본에 실린 낙유원 장면도 곡좌를 취하고 있지 않다. 대체로 곡좌를 취한 것이 세련된 그림이 많은 듯하고 그렇지 않은 것은 토속풍의 소박한 것이 많다. 곡좌로 화가의 상층 문화 이해 수준을 어느 정도 가늠해볼 수 있을 듯하다.

육관대사가 찾아오다

양소유는 스무 살에 승상이 되었고 수십 년을 벼슬에 있었다. 6남2녀를 두었는데 자녀들도 모두 영귀하게 되었다. 양소유는 스스로 자기가 벼슬을 너무 오래했고 복록 또한 지나치게 많다고 하면서 상소를 올려 조정에서 물러난다.

야인이 된 양소유는 임금이 내린 종남산 취미궁에서 노년을 보내는데, 추석이 지난 어느 날 생일잔치를 끝내고 부인들을 데리고 취미궁 서쪽 누

도 19 〈구운몽도〉 각몽 장면, 계명대학교박물관
소장

대에 올라간다. 머리에 국화를 꽂고 놀면서, 여덟 부인은 양소유의 장수를 비는 뜻에서 차례로 술잔을 올린다. 그런데 양소유가 피리를 불자, 좌중에 서글픈 분위기가 인다. 이어 양소유는 멀리 진시황의 아방궁 터와 한나라를 강성하게 만든 무제의 무덤 무릉, 당나라 현종 때 양귀비가 머문 화청궁을 가리키며, 그 굉장한 부귀영화가 모두 헛된 일임을 말한다. 양소유가 불교에 귀의할 뜻을 비치니, 부인들도 모두 따르고자 한다.

석양 무렵 갑자기 지팡이 소리가 들린다. 한 이국異國 승려가 지팡이로 계단을 짚으며 올라온다. 양소유가 알아보지 못하니 승려는 지팡이를 들어 돌난간을 두어 번 두드린다. 그러자 갑자기 누대에 구름이 일어나며 지척을 분간할 수 없게 된다. 양소유는 비로소 꿈에서 깨어나 승려가 육관대사라는 것을 알아차린다.

그림도19은 양소유와 여덟 부인이 누대에서 이야기를 나누고 있는데, 아래에서 한 승려가 지팡이를 짚고 올라오는 장면이다. 여덟 부인 중 네 명은 서 있고 다른 네 명은 앉아 있다. 양소유의 팔자수염과 턱수염은 그가 이미 노경에 접어들었음을 알게 한다.

잠에서 깨어나다

성진은 잠에서 깨어나, 방석 위에 앉아 졸고 있는 자기 모습을 본다. 급

도20 〈구운몽도〉 불도귀의 장면, 경기대학교박
물관 소장

히 세수하고 대사 앞으로 가니, 대사가 "성진아, 인간 부귀가 어떻더뇨?"라며, 모든 것을 안다는 듯이 일갈한다. 이리하여 큰 깨달음을 얻는 순간, 어제 왔던 팔선녀가 다시 왔다는 전갈을 듣는다. 가서 보니 선녀들은 이미 모두 머리를 깎았고 육관대사에게 자기들도 불제자가 되겠다고 청하고 있다. 이에 대사는 성진과 팔선녀에게 불경을 가르치는데, 육관대사는 곧 자신의 일을 모두 이루었다며 본국으로 돌아간다. 성진은 육관대사를 이어 연화봉 도량道場에서 불법을 펼친다. 성진은 팔선녀를 제자로 두는데, 나중에 아홉 사람이 모두 극락으로 간다.

　그림도20은 팔선녀가 육관대사에게 자기들도 불제자가 되겠다고 청하는 장면이다. 성진이 앞에서 무슨 말을 아뢰는 것이 팔선녀를 거느리겠다는 말인 듯하다. 『구운몽』은 이처럼 불세계에서 나와 속세로 갔다가 다시 불세계로 돌아와 깨달음을 얻는 순환의 구조를 가지고 있다.

양소유와 김만중, 아버지의 부재

양소유와 마찬가지로 작가 김만중金萬重, 1637~1692도 홀어머니 슬하에서 자랐다. 김만중은 아예 유복자로 태어났다. 아버지 김익겸은 병자호란 때 강화도에서 청나라 군대와 싸우다 화약에 불을 질러 자결했다. 그의 나이 스물세 살이었다. 당시 김만중은 어머니 뱃속에 있었다. 어머니는 피란 가는 도중 배 위에서 김만중을 낳았다. 그래서 김만중은 어릴 때 선생船生이라 불렸다. 배 위에서 태어났다는 뜻이다. 과부가 된 윤부인은 아버지 없는 아이들을 직접 가르쳐 훌륭히 키웠다. 어머니를 위해 『구운몽』을 지었다는 김만중의 특별한 효도에는 다 이유가 있었던 것이다.

서포는 불행한 출생과 달리, 대단한 가문 배경을 보여준다. 아버지는 순절하기 전해에 과거에서 일등으로 급제한 촉망받는 신예였다. 할아버지 김반은 이조참판이었고, 증조부 김장생은 율곡 이이의 제자이자 송시열의 스승으로 조선 예학禮學의 대가로 손꼽히는 인물이다. 나중의 일이지만 형 김만기의 딸은 인경왕후, 곧 숙종의 첫 왕비가 되었다.

외가 또한 이에 못지않은데, 외할아버지는 이조참판 윤지尹墀이며, 외증조부는 선조 임금의 부마인 윤신지이고, 외고조부 윤방과 그의 아버지 윤두수는 모두 최고 관직인 영의정을 지냈다. 김만중은 본가나 외가 모두 최고 관료의 집안이었고, 동시에 왕실의 척족戚族이었다. 최고 명가의 자손이었던 것이다.

김만중 역시 열네 살 어린 나이에 진사초시進士初試에 합격한 천재였고, 이어서 열다섯 살에는 진사시에 일등으로 합격했다. 그 뒤 1665년에 정시문과庭試文科에 급제하여 관료로 발을 내디디면서 요직을 차례로 밟고 올라갔고, 1686년에는 국가의 대표적 공식 문인이라 할 수 있는 대제학이 되었다. 학자로서나 관료로서나 최고 지위에 이르렀던 것이다. 최고의 지위에서 그는 1687년 그 유명한 장희빈張禧嬪 사건에 연루되어 평안도 선천으로 유배 갔다.

장희빈은 어머니의 정부情夫였던 조사석趙師錫 등의 주선으로 궁녀가 된 후 숙종의 총애를 입었다. 그러던 차에 숙종이 다른 사람의 반대를 무릅쓰고 조사석을 정승에 앉히자, 서포는 다른 사람들처럼 머뭇거리지 않고 장희빈의 어머니와 조사석의 관계를 들어 임금을 대놓고 비판하였다. 처벌을 두려워하지 않는 강직한 행동이 유배를 불렀던 것이다. 선천 유배는 일 년 후에 풀렸지만, 몇 달 후에 다시 남해에 위리안치圍籬安置되었고, 1692년 남해 바닷가에서 숨을 거두었다. 관료이자 정치인으로서 늘 숨 가쁘게 전개되는 긴박한 조정 쟁투의 중심에 있었던 김만중이 소설을 창작했다는 것은 뜻밖의 일이다. 하지만 김만중은 일단 붓을 잡자 화려한 환상과 조화의 세계를 꾸며냈다. 그리고 이처럼 작품 속에 자신의 삶을 투영시켰던 것이다.

그런데 김만중의 이런 개인사가 아니더라도 소설에서 주인공의 아버지를 제거하는 것은 드문 일이 아니다. 특히 조선처럼 가부장권이 강한 사회에서는 아버지를 그대로 두고 주인공을 자유롭게 활동시킬 수가 없다. 아버지를 멀리 귀양 보내든지, 아니면 일찍 죽게 하든지, 『구운몽』처럼 신선 세계로 보내든지, 주인공과 아버지를 분리시켜야 비로소 주인공은 자유로울 수 있다.

구애의 노래, 〈봉구황〉

〈봉구황〉은 전한前漢 시절의 문인인 사마상여가 탁문군을 유혹할 때 연주한 곡이다. 사마상여는 불우한 젊은 시절을 보냈는데, 하루는 부호 탁왕손卓王孫의 잔치에 초대를 받았다. 상여는 여기서 과부가 되어 친정에 와 있던 탁문군을 만났는데, 상여는 한눈에 문군에게 반하여 거문고로 〈봉구황〉을 연주했다. 노랫말은 전하는 책에 따라 약간씩 다르나, 『사기史記』 주석에는 이렇게 나온다.

봉새여, 봉새여, 고향에 왔구나	鳳兮鳳兮歸故鄉
황새를 찾아 온 세상을 헤맸구나	遊遨四海求其凰
아리따운 님 집 안에 있으나	有一艷女在此堂
지척이어도 볼 수 없으니 애간장만 타네	室邇人遐毒我腸
어찌하면 부부의 정을 나눌꼬	何由交接爲鴛鴦

노골적인 유혹의 노래다. 문군도 상여를 장지문 밖에서 엿보고 있었다. 그래서 "지척이어도 볼 수 없다"라고 노래했다. 사랑에 빠진 탁문군은 아버지의 반대를 피하여 한밤중에 사마상여에게 가버렸다. 과부가 재가하는 것을 허락하지 않을 것으로 여긴 것이다. 탁왕손은 딸의 행동을 알고 격분하여 한 푼도 도와주지 않겠다고 했다. 이리하여 상여 부부는 빈궁한 삶을 이어갔다. 문군은 술을 빚어 팔고 상여는 음식을 나르면서도 두 사람은 사랑을 포기하지 않았다. 마침내 탁왕손도 둘의 관계를 인정했다.

그런데 후에 상여가 무릉茂陵에 사는 어떤 여인과 정을 통했다. 이에 문군은 「백두음白頭吟」이라는 시를 지어 헤어질 뜻을 비쳤고, 상여는 바로 무릉의 여인을 포기했다.

『서경잡기西京雜記』에 나오는 이야기이다. 〈백두음〉은 원래 한나라 때 민간의 노래인데, 후대에 사마상여의 일과 결부되어 전승되었다는 설이 유력하다. 배신한 남자를 원망하며 결별을 선언하는 여인의 노래이다. 『악부시집樂府詩集』에 실려 있다.

산꼭대기의 눈 같은	皚如山上雪
구름 사이의 달 같은, 희고 밝은 내 마음	皎若雲間月
당신이 두 마음이 있다 하니	聞君有兩意
이제 헤어집시다	故來相決絶
오늘은 이별주를 나누지만	今日斗酒會
내일 아침은 물가에서 작별하리	明旦溝水頭
물가를 서성이니	躞蹀御溝上
물은 무심히 흘러가네	溝水東西流
쓸쓸하고 쓸쓸해라	淒淒復淒淒
시집 올 땐 울 일 없으리라 했더니	嫁娶不須啼
한마음 가진 사람 만나	願得一心人
머리 희도록 헤어지지 않으리라 했더니	白頭不相離
낚싯대 흔들며	竹竿何嫋嫋
팔짝팔짝 뛰는 물고기 낚듯, 구애할 때 언제던고	魚尾何徙徙
남자는 모름지기 그 뜻이 무거워야지	男兒重意氣
어찌 돈만 따르느뇨	何用錢刀爲

단풍잎으로 맺은 사랑

우우의 일은 당나라 희종僖宗(또는 선종宣宗) 때 일이다. 양소유와는 거의 동시대에 있었던 일인 셈이다. 하루는 궁녀 한씨韓氏가 나뭇잎에 시를 적어 대궐 도랑으로 흘려보냈다. 우우가 우연히 그 시를 읽었는데, 구중궁궐에 갇혀 사는 궁녀의 답답함을 읊은 것이었다.

물은 무슨 일로 저리 빨리 흐르나	流水何太急
심궁의 난 진종일 아무 일 없는데	深宮盡日閒
내 신세 그윽이 단풍잎으로 알리니	殷勤謝紅葉
하마 세상에 닿으려나	好去到人間

이 시를 읽은 우우 역시 나뭇잎에 답시를 적어 궁궐로 들어가는 도랑에 띄웠고 한씨가 또 그것을 받아 읽었다. 그런데 임금이 궁녀 삼천 명을 출궁시켜 한씨는 궁궐에서 나오게 되었고 우연히 우우와 만나 결혼까지 하였다. 부부는 이야기를 나누다가 그 일을 알게 되었고 서로 가진 나뭇잎을 보이고는 놀랐다고 한다. 여기에서 '홍엽제시紅葉題詩' '홍엽양매紅葉良媒'라는 말이 생겼다. '단풍잎에 시를 적다' '단풍잎이 좋은 중매가 되다'라는 뜻이다. 운명적 만남을 의미한다.

일곱 걸음 안에 시 짓기

칠보시는 후한後漢의 문인 조식曹植과 관련된 것이다. 조식은 『삼국지』의 간웅 조조曹操의 아들이다. 형 조비曹丕가 아버지의 뒤를 이어 왕위에 올랐는데, 동생을 경쟁자로 여겨 죽이려 했다. 조비는 동생에게 일곱 걸음을 걷는 동안에 시 한 수를 지어내라는 터무니없는 명령을 내렸다. 조식은 다음의 시를 지었다.

콩을 삶으려 콩대를 태우니	煮豆燃豆其
콩이 가마 속에서 흐느끼네	豆在釜中泣
본래 한 뿌리에서 났는데	本是同根生
무얼 그리 급히 들볶나	相煎何太急

콩을 먹으려면 모닥불에 콩대를 태워 먹기도 하고, 가마솥에 콩대와 물 조금을 넣고 끓이기도 한다. 태워 먹는 것은 가을철에 아이들이 콩서리할 때 주로 그렇게 했다. 옛날 가을철의 별미다. 이 시에서는 가마 속에다 콩대를 넣고 태운 모양이다. 조식은 이것을 두고 시를 썼다. 콩이 가마 속에서 흐느낀다는 말은 콩대를 태울 때 모락모락 피어나는 김을 가리키는 듯하다. 콩대가 타야 콩이 익는다. 결국 한 뿌리, 즉 한 부모에서 나서 콩대 너는 어찌 이리 나를 눈물짓게 하느냐는 말이다. 콩이 바로 시인 자신이다. 형을 원망하는 뜻을 담고 있다. 조비는 이 시를 듣고 동생을 살려주었다고 한다.

조식은 일곱 걸음 안에 시를 지었다고 해서 '칠보지재七步之才', 곧 '일곱 걸음의 재주'가 있다고 하였다. 남북조南北朝 시대의 시인 사령운謝靈運은 천하의 재주를 모두 한 섬이라고 하면 그중에 여덟 말은 조식이 가지고 있다고 했다. 그만큼 조식의 재주가 뛰어나다는 말이다. 그런 조식을 팔두지재八斗之才를 가졌다고 한다. 사령운은 나머지 두 말 가운데 한 말은 자신이 가졌고, 그 나머지는 세상 사람들이 나누어 가졌다고 했다. 그런데 조식은 여섯 걸음 만에 위의 오언시五言詩를 썼지만, 『구운몽』의 두 공주는 다섯 걸음 만에 칠언시七言詩를 썼다. 난양공주와 영양공주는 '오보지재五步之才'와 '구두지재九斗之才'를 가졌다고 할 수 있을 것이다. 두 공주의 칠보시는 상황이 전혀 다르니 시의 내용도 조식의 칠보시와는 관련이 없다.

3

〈구운몽도〉의
배경

『구운몽』은 그 이야기의 중심이 한 남성과 여덟 여성의 결연에 있다. 따라서 〈구운몽도〉도 낭만적이고 환상적인 분위기로 충만해 있다. 이런 분위기가 어울리거나 필요한 곳은 어디일까? 단정한 선비의 사랑방에 두기는 선비의 맑고 근엄한 정신세계와 어울리지 않고 남녀칠세부동석을 어릴 때부터 들어온 잘 배운 규수의 방에 두기에는 너무 외설적일 수 있다. 이런 사정을 감안할 때, 〈구운몽도〉와 가장 어울리는 공간은 향락 공간, 곧 기생방이라 할 수 있다.

소설과 그림

이야기는 말로 그린 그림이요, 그림은 종이 위의 이야기다. 이야기와 그림은 떼려야 뗄 수 없는 관계이다. 전근대 한국에서 그림으로 그려진 이야기로는 부처의 생애 등을 담은 불화가 대표적이다. 불화 이외의 것으로는 『삼강행실도三綱行實圖』『속삼강행실도續三綱行實圖』『이륜행실도二倫行實圖』『동국신속삼강행실도東國新續三綱行實圖』『오륜행실도五倫行實圖』 등의 행실도류를 들 수 있다. 문맹률이 높은 시대에 종교적, 이념적 교화를 확산시키기에 이야기와 그림만큼 좋은 매체는 없었을 것이다.

종교나 이념은 강한 목적성을 지니기에 그것을 퍼뜨리려고 이야기에 그림을 넣지만, 오락성이 강한 소설책에는 꼭 그림을 넣을 이유가 없다. 소설은 그림이 없어도 독자를 흡인할 수 있는 힘이 충분하기 때문이다. 사정이 이런데도 소설에 그림이 빠지는 일은 거의 없다. 물론 이는 현대소설이 아니라 고전소설의 경우다. 요즘이야 영화다 텔레비전 드라마다 시각 이미지가 넘쳐나기에 굳이 소설에까지 그림을 넣으려 하지 않지만, 소설이 거의 유일한 오락물이던 시절에는 소설 또한 그림에 기대지 않을 수 없었다.

도21 『서유기』 삽화 | 왼쪽 그림은 〈구운몽도〉 심요연 장면과 비슷하고, 오른쪽 그림은 백
능파 장면을 떠올리게 한다.

흥미로운 이야기가 실감나는 그림과 결합될 때 독자들의 흥미는 배가되었
던 것이다.

　단테의 『신곡』이나 초서의 『캔터베리 이야기』, 그리고 『아서 왕 이야기』
나 『돈키호테』 등 중세 서양의 저명한 소설 속에 모두 삽화가 들어 있음은
물론이고, 중국소설은 상도하문上圖下文이라고 하여 책 상단에는 그림을
넣고 하단에는 글을 넣는 방식을 취하거나, 아니면 책 처음이나 중간에 한
면이나 두 면을 그림으로 채운 경우가 적지 않다. 일본에서는 오히려 그림
이 더 큰 비중을 차지했는데, 그림의 여백에 글을 써넣은 작품이 많다. 현

도22 **이시베 킨코(石部琴好)가 쓰고 기타오 마사노부(北尾政演)가 그린 「흑백수경黑白水鏡」의 한 장면,
일본 와세다대학 도서관 소장** | 1789년 간행. 에도시대 일본의 통속소설이다.

대의 만화책 같은 소설이다. 오죽하면 글이 많은 소설을 '그림보다는 글이
많아서 읽는 데 치중해야 하는 책'이라 하여 '독본讀本, 요미혼'이라고까지
불렀을까.

삽화 없는 조선소설

소설의 삽화는 약방의 감초다. 삽화 빠진 소설은 생각조차 하기 어렵다.

그런데도 한국소설, 아니 조선소설은 삽화가 전무하다. 잘 그려지거나 판화로 인쇄된 정교한 삽화가 없음은 물론이고, 소설책에 장식으로 이용된 그림조차 하나 없다. 소설의 그림이래야 기껏 뒷면이나 중간에 좋은 솜씨로든 치졸한 솜씨로든 끼적여놓은 낙서가 고작이다. 한국소설에 그림이 등장한 것은 근대 이후의 일이다. 근대 이후 들어온 서양의 신식 납활자 인쇄기술로 찍은 소설을 구활자본 소설이라고 하는데, 이들 소설에 비로서 표지 그림이 등장했다. 구활자본 소설은 표지가 딱지처럼 울긋불긋하다고 해서 딱지본 소설이라고도 하는데, 딱지본 소설은 표지 그림에 따라 판매량이 크게 좌우되었고, 이 바람에 표지 그림에 상당한 관심을 기울였다고 한다.

그러면 왜 유독 조선에만 소설에 그림이 없을까? 글과 사상을 중시한 유교의 영향으로 인하여 문자를 중심에 둔 것도 한 이유가 되겠지만, 상업의 미발달이 큰 원인이라 생각된다. 소설에 그림을 넣자면 품이 많이 들고 품이 많이 들면 제작비가 비싸진다. 비싼 소설에 돈을 쓸 수 있는 수요자가 많지 않은 상황에서 소설에 삽화를 넣기는 어려웠던 것이다. 아주 거친

도24 **「구운몽」 경판 29장본, 서울 효교 간행, 대영박물관 소장** | 조선 후기 소설 출판은 크게 서울과 전주의 두 지역에서 이루어졌다.

종이나 이미 사용한 종이의 이면에 베낀 필사본 소설과 저질 종이에 조잡한 판각으로 빼곡히 글씨를 박아 인쇄한 판각본 소설을 보면, 이런 소설에 삽화는 사치라는 생각마저 든다. 조선은 중국이나 일본에 비해 상업출판이나 소설 출판이 늦게 성장했을 뿐만 아니라, 그 규모도 작았다. 18세기 이후에야 상업적 소설 출판이 본격화하였으니, 그 사정을 대략 짐작할수 있다.

소설을 그린 그림

조선시대에 소설 속에 들어간 삽화는 없었지만 소설을 그린 그림은 있었다. 하지만 삽화가 하나도 없는 실정이니 소설 그림이 많을 리 만무하다. 조선 사람들도 다른 나라 사람들처럼 이야기를 그림으로 나타내기를 즐겼지만, 상대적으로 중국 옛이야기와 연관된 것이 많고, 소설을 그린 것은 적다. 엄격한 유교 사회에서 푸대접을 면치 못한 소설이, 종이다 채색이다 적지 않은 비용이 드는 그림으로 그려지기란 쉬운 일이 아니었을 것이다.

그나마 얼마간 찾아볼 수 있는 소설 그림으로는 중국소설 『삼국지』를 그린 것과 한국소설 『구운몽』을 그린 것이 있다. 가회미술관의 윤열수 관장은 『민화이야기』에서 전라도 지방에 『춘향전』 그림이 많다고 했지만, 공개된 도록에는 얼마 보이지 않는다. 경희대학교 박물관, 독립기념관, 전주역사박물관, 조선민화박물관 등에서만 확인될 뿐이다. 그것도 거의 20세기 이후 그려진 것이라, 조선시대 소설 그림에 넣어 논의하기도 어렵다. 이 밖에 중국소설로 『수호지』, 한국소설로 『토끼전』 『심청전』 그림이 조선민화박물관, 전주역사박물관 및 사찰 벽화 등에서 드문드문 보이지만 따로 논의할 정도는 못 된다.

도 25 〈춘향전도〉 병풍 중 춘향과 이도령의 이별 장면, 경희대학교박물관 소장

〈삼국지도〉, 소설 그림의 출발

〈구운몽도〉 이전의 소설 그림으로는 〈삼국지도〉가 있다. 조선시대 소설 그림은 제작에 대해 거의 아무런 정보도 남기고 있지 않다. 그림의 원작 소설이 창작 정보를 거의 남기지 않은 것처럼 말이다. 〈구운몽도〉의 경우 샌프란시스코 아시아예술박물관Asian Art Museum of San Francisco 소장품에 '이재怡齋'라는 호號가 한자로 적혀 있고 또 인장이 찍혀 있다. 계명대학교 박물관 소장품 가운데도 '의천義川'이라는 호를 쓰고 인장을 찍은 병풍과 '和松泉先生雅屬　九雲夢圖　靈鷲山老聾八九　應毫'라는 그림 설명이 있는 병풍이 있다. 그림 설명은 '송천선생에게 드리는 〈구운몽도〉, 영취산 귀머거리 노인이 일흔두 살 나이에 그리다'라는 뜻이다. 19세기 말부터 사찰 벽화에 민화풍 그림이 증가했다는 연구를 참고할 때,[5] '영취산 노인'은 화승畵僧, 그림 그리는 일을 주업으로 삼은 승려이 아닌가 싶지만 단정할 수는 없다. 제작 정보를 제대로 알 수 없는 형편은 다른 민화도 거의 비슷하다.[6] 사정이 이러니 〈삼국지도〉가 〈구운몽도〉보다 앞선다고 말한 것에는 다른 근거가 있다.

『삼국지연의』 곧 소설 『삼국지』(이하 별말이 없으면 『삼국지』는 모두 『삼국지연의』를 가리킨다)는 임진왜란 이전에 이미 수입되어 읽혔다. 수입되고 얼마 지나지 않아 선조 임금이 신하에게 명령을 내릴 때 인용하여, 기대승이 이를 문제 삼기도 할 정도였다. 현재 전하는 『삼국지』 최고最古

도26 〈삼국지도〉 방통이 조조와 연환계를 의논하는 장면, 서울역사박물관 소장

간본은 1522년에 간행된 것이다. 1569년에 벌써 "『삼국지』가 근년에 수입되어 읽힌다"는 언급이 『조선왕조실록』에 보인다. 거기에는 심지어 『삼국지』가 간행되어 널리 읽히고 있다는 말도 있다. 최근 박재연 교수는 종전에 1627년 제주도에서 간행된 것으로 추정한 『삼국지』가 실제로는 그보다 한 주갑周甲 앞서는 1567년에 간행되었을 것이라고 주장했다.[7] 설득력 높은 연구다.

1567년 간행된 『삼국지』는 중국 밖에서 간행된 『삼국지』로는 최초의 것인데, 그것도 서울이 아닌 제주도에서 간행되었다는 사실이 이채롭다. 이처럼 『삼국지』는 1725년 처음 간행된 『구운몽』보다 훨씬 앞서 간행되었을 뿐만 아니라, 그 폭발적인 인기까지 감안하면 〈삼국지도〉가 〈구운몽도〉에 앞선다는 사실은 부정하기 어렵다. 실제로 〈삼국지도〉의 대표 장면이라 할 수 있는 삼고초려三顧草廬를 그린 그림에 대한 기록이 1570년 이전에 보인다. 퇴계 이황의 시에 「정자중구제병화팔절鄭子中求題屏畫八絶」이라는 작품이 있는데, '정자중 곧 정유인이 병풍 그림에 맞는 시문을 구하기에 여덟 수 시를 적다'라는 제목이다. 병풍이 8첩이었던지 '상산사호商山四皓' 등 여덟 수가 있는데 이중에 '초려삼고'가 있다. 이황이 1570년에 죽었으므로 이 일은 그 전이라 할 수 있다. 이 밖에 역대 임금의 시문을 모은 『열성어제列聖御製』에도 숙종 임금 등이 남긴 삼고초려 그림에 대한 시가 있다. 물론 이 삼고초려 장면이 소설 『삼국지』가 아니라 정사正史 『삼국지』에서 유래되었을 가능성도 있지만 〈삼국지도〉의 기본틀이 이미 『구운몽』이 창작되기도 전에 있었다는 사실을 분명하게 보여준다.

『삼국지』는 임진왜란 당시 이미 종교적 차원으로까지 연결되어 『삼국지』의 명장인 관우의 사당까지 건립되었다. 그 대표적인 곳이 동묘. 동묘는 동관왕묘東關王廟의 준말로, 관왕은 곧 관우를 가리킨다. 서울 동대문 옆에 있다. 동묘에는 대형 〈삼국지도〉 걸개그림이 있었는데, 현재 서울역사박물관에 총 아홉 장이 남아 있다. 물론 현전하는 것은 19세기의 것이지만, 그 이전에도 〈삼국지도〉는 있었을 것이다. 동묘가 세워질 당시에 이미 관우의 소상塑像이 있었다고 하니, 〈삼국지도〉도 일찍부터 있었을 것으로 짐작된다.

『구운몽』은 『삼국지』가 간행되고 또 동묘가 만들어진 후로부터도 1백 년도 더 지나 간행되었다. 그러니 〈구운몽도〉의 제작은 〈삼국지도〉보다 한참 후의 일이라고 볼 수 있다. 〈구운몽도〉는 일러야 『구운몽』이 간행된 18세기 중반 이후에 그려지지 않았나 추정된다. 이처럼 〈구운몽도〉는 〈삼국지도〉보다 훨씬 후대에 제작된 듯하지만 그렇다고 그 가치가 낮다고 할 수는 없다. 〈구운몽도〉는 〈삼국지도〉와 전혀 다른 성격을 지니고 있기 때문이다. 『삼국지』는 국가의 대사 또는 집단의 문제를 주로 전쟁이라는 해결 방식으로 풀어나간 작품인 데 반해, 『구운몽』은 개인의 사랑을 예술과 놀이의 형식으로 풀어간 작품이어서, 두 작품은 물론 이들을 그린 그림도 성격이 전혀 다르기 때문이다.

〈구운몽도〉의 역사

 〈구운몽도〉는 언제부터 그려졌을까? 앞에서는 일러야 18세기 중반 이후라고 보았지만 〈구운몽도〉가 그려진 분명한 증거는 그로부터도 한참 후에 나온다. 현재 알려진 〈구운몽도〉에 대한 최초의 기록은 『한양가』에 보인다. 『한양가』는 1844년에 지은, 서울의 풍물을 노래한 가사다. 여기에 서울 청계천 광통교 남쪽에 있었던 그림 가게에 대한 묘사가 있는데, 거기서 팔리는 여러 그림 가운데 〈구운몽도〉가 있다. 그 〈구운몽도〉는 횡축橫軸, 곧 두루마리 그림으로 돌다리 장면을 그렸다고 했다. 이 밖에 『춘향전』에서 춘향의 방을 묘사할 때나, 판소리계 소설인 『계우사』에서 무숙이가 약방기생 의양을 첩으로 들이면서 새로 첩 집을 꾸밀 때 방 안 치레를 언급한 부분에 〈구운몽도〉가 보인다. 여기서는 비교적 묘사가 자세한, 이른바 남원고사본이라고 불리는 『춘향전』의 해당 부분을 들어본다. 남원고사본은 1864년에 필사된, 서울 지역 세책집돈을 받고 책을 빌려주는 책방에서 유통되었던 책으로 추정된다.

> 동서남북 〈계견사호〉 문 위에 〈십장생〉
> 지게문에 〈남극선옹南極仙翁〉
> 벽화를 붙였는데 동벽東壁을 바라보니
> 〈상산사호商山四皓〉 노인들이 바둑판에 둘러 모여

흑백이 어지럽되 반듯이 앉아 있고

석가 제자 성진이가 봄날 돌다리 위에서 팔선녀를 만나보고

짚었던 지팡이를 구름 사이 내던지고

합장하여 뵈는 형상 역력히 그려 있고

인용문을 보면 춘향이의 방은 갤러리와 방불하다. 그만큼 그림이 많다. 사방 벽에 닭, 개, 사자, 호랑이 그림이 붙어 있고, 방문 위에는 십장생 그림, 지게문에는 신선 그림, 그리고 동쪽 벽에는 중국 고대의 유명한 은자를 그린 그림과 나란히 『구운몽』의 돌다리 장면 그림이 붙어 있다.

상산사호는 진시황 때 난리를 피해 상산으로 숨어 들어간 네 노인을 가리킨다. 눈썹과 수염이 흰 노인들이어서, '사호四皓' 곧 '네 명의 흰 사람'이라고 불렀다. 그런데 동쪽 벽에는 〈상산사호도〉와 〈구운몽도〉가 함께 있다고 했지만, 이것이 반드시 두 점의 작품을 말한 것이라고 볼 수는 없다. 민화 가운데는 둘 이상의 장면 또는 이야기를 한 장에다 그린 경우가 드물지 않기 때문이다. 이영수 선생이 펴낸 『조선시대의 민화』에서도 상단에는 '상산사호'가, 하단에는 '돌다리 장면'이 함께 그려져 있는 그림을 볼 수 있다.

위의 인용문들에서 알 수 있듯이, 〈구운몽도〉는 19세기 중반에는 시중에 유통되고 있었다. 그런데 이 증거들을 가지고 〈구운몽도〉가 19세기 중반에 처음 그려졌다고 말할 수는 없다. 『한양가』에서 〈구운몽도〉를 판 광통교 그림 가게는 강이천1769~1801의 「한경사漢京詞」에서도 성업중으로 그

려져 있기 때문이다. 「한경사」가 나온 18세기 후기에 이미 〈구운몽도〉가 있었을 가능성이 높다는 말이다.

1687년 『구운몽』의 창작, 1725년 『구운몽』의 간행, 1750년대 영조 임금의 『구운몽』 탐독, 그리고 1762년 사도세자가 명령을 내려 만든 『중국소설회모본』의 제작, 그리고 뒤이은 18세기 후반 속화俗畵의 유행 등 여러 정황을 고려할 때, 18세기 중반에는 〈구운몽도〉가 생겨나지 않았나 추정된다. 단, 현재 전하는 〈구운몽도〉는 대개 20세기 이후의 것으로 보인다. 개중 꽤 오래되어 보이는 것들은 도록에 그 제작 연대를 18세기 후기 또는 심지어 17세기 후기로까지 적고 있는 것도 있다.[8] 하지만 어떤 것도 17세기 후기까지 소급할 수는 없고, 아무리 올린다 해도 18세기 후기를 넘어서기는 어려울 듯하다.

〈구운몽도〉의 연원

〈구운몽도〉는 이야기 그림이다. 따라서 그 연원은 일차적으로 이야기 그림에서 찾아야 할 것이다. 이야기 그림으로 가장 멀리 올라갈 수 있는 것은 불화다. 특히 부처의 일생은 그 자체가 한 편의 전기傳記여서, 그것을 그린 팔상도八相圖는 소설 그림의 본이 되기에 충분하다. 조선에서는 1447년에 간행된 『석보상절釋譜詳節』 등에서 불교 이야기 그림의 전기 형태를 볼 수 있다.

〈구운몽도〉에 더 직접적인 영향을 미쳤으리라 생각되는 것이 중국의 이야기 화첩, 또는 중국 희곡과 소설의 삽화다. 『구운몽』은 잘 알려져 있다시피 중국애정소설 또는 재자가인소설로부터 일정 부분 영향을 받았다. 중국소설의 영향은 삽화를 통해 〈구운몽도〉에도 미쳤을 가능성이 있다. 〈구운몽도〉의 대부분을 차지하는 장면은 남녀 상봉인데, 이런 장면은 불화나 〈삼국지도〉에서는 거의 보이지 않고 소설류에서 많이 보이기 때문이다.

16, 17세기 이후 쏟아져 들어온 중국소설류 가운데 먼저 비교해볼 만한 것으로는 『서상기西廂記』가 있다. 『서상기』는 최앵앵崔鶯鶯과 장생張生의 사랑을 그린 작품으로 중국 고전 희곡의 대표작이다. 원나라의 왕실보王實甫가 전대의 전기소설을 개작한 것이다. 『연산군일기』1506년 4월 13일조를 보면, 연산군은 중국으로 가는 사신에게 『전등신화』 등과 함께 『서상기』를 사오라는 명령을 내렸다. 사신이 사왔는지는 확인되지 않지만, 실제로 『서상기』는 이후 조선에서 가장 널리 읽힌 중국 희곡이 되었다.

『서상기』의 삽화를 보면 〈구운몽도〉와 흡사한 점이 적지 않다. 그림도27은 『서상기』의 여주인공 최앵앵이 시녀 홍랑과 함께 장생의 거문고 연주를 듣고 있는 장면이다. 작품의 분위기가 〈구운몽도〉의 정경패 장면과 흡사하다. 이 그림은 명나라 때 간행된 『서상기』에 수록된 것이니, 이런 책들이 조선에 전래되어 〈구운몽도〉 형성에 영향을 끼쳤을 가능성이 농후하다. 이 밖에 1617년에 간행된 중국 오대五大 명극名劇 중 하나인 『모란정환혼기牡丹亭還魂記』의 한 삽화도28는 백능파 장면처럼 꿈을 연기로 처리하고

도27 「서상기」 삽화, 중국 1620년대 간행본(왼쪽)
도28 「모란정환혼기」 삽화, 중국 1617년 간행본

있다. 18세기 학자인 이덕무의 문집에 실린 편지글 등에서, 이 책이 조선에서 읽혔음이 확인된다. 이런 중국 희곡 또는 소설의 삽화가 〈구운몽도〉의 형성에 적지 않은 영향을 끼쳤을 것이다.

〈구운몽도〉형성과 좀더 직접적인 연관이 있는 자료로 『천고최성첩千古最盛帖』『만고기관첩萬古奇觀帖』 및 흔히 『중국소설회모본』이라고 불리는 『지나역사회모본支那歷史繪模本』 등을 들 수 있다. 『천고최성첩』은 중국 역대의 시문詩文과 연관된 그림을 모은 화첩이다. 1606년 명나라 사신 주지번朱之蕃이 조선에 전해주고 갔다고 한다. 뒤에 조선에서 많은 모사본이

나왔다. 『만고기관첩』역시 『천고최성첩』과 비슷하게 중국 역대의 시문과 이야기를 그림으로 옮긴 화첩이다. 18세기 초반에 여러 궁중 화원이 함께 그렸으며, 정조가 감상평을 남기고 있기도 하다. 『만고기관첩』에서 〈학루취적鶴樓吹笛, 황학루에서 피리를 불다〉의 피리 부는 사람과 그에 따라 춤추는 학의 모습은 〈구운몽도〉의 난양공주 장면을 연상하게 하고, 〈동정비음洞庭飛吟, 동정호에서 시를 읊으며 날아가다〉의 신선 여동빈이 구름을 타고 날아가는 모습은 심요연 장면을 떠올리게 한다. 그런데 〈구운몽도〉와의 직접적인 연관성은 『중국소설회모본』에서 더욱 확연하게 드러난다.

『중국소설회모본』은 중국소설의 삽화를 베껴 모은 그림책이다. 그림은 총 128면이다. 그림은 『서유기』를 그린 것이 40면으로 가장 많고, 그 다음에 『수호지』 29면, 『삼국지』 9면 등의 순이다. 이 밖에 『열국지』 『전등신화』 등의 삽화가 있다. 이 책에는 「서序」와 「소서小敍」가 있는데, 사도세자가 궁중 화원 김덕성金德成 등 몇 명에게 그림을 그려 만들게 한 것임을 알 수 있다. 서문을 쓴 날은 1762년 윤5월 9일이다. 사도세자가 뒤주에 갇혀 죽기 나흘 전의 일이다.

『중국소설회모본』의 그림들을 보면 워낙 다채로워 잘 뜯어 조합하면 〈구운몽도〉의 어떤 장면이라도 구성할 수 있을 듯하다. 〈홍선투합〉도29과 〈도출함곡〉도30에서 구름 탄 여인과 조는 문지기 모습은 마치 심요연 장면의 구름 타고 내려오는 심요연과 양소유의 군진에서 졸고 있는 군사들 같고, 〈장판구주〉도31와 〈신양동기〉도32는 백능파 장면의 전투를 그린 듯하다.

도29 『중국소설회모본』 중 〈홍선투합紅線偸盒〉, 국립중앙도서관 소장(왼쪽) | 홍선이 금으로 만든 그릇을 훔치다. 당나라 전기소설 「홍선전」에 나온다.
도30 『중국소설회모본』 중 〈도출함곡盜出函谷〉, 국립중앙도서관 소장 | 맹상군이 함곡관을 몰래 빠져나오다. 『사기』 『열국지』 등에 나온다.

실제로 〈홍선투합〉의 여성 협객 홍선은 『구운몽』에서 심요연의 모델로 거론된 인물이다. 『중국소설회모본』에는 『서유기』 등에서 볼 수 있는 환상적인 장면이나 『수호지』 『삼국지』에서 볼 수 있는 전투 장면이 많다. 『한중록』에 의하면 사도세자는 환상과 무예 등에 관심이 컸다고 하는데, 그의 취향이 반영된 화첩이라 할 수 있다.(120쪽)

마지막으로 거론할 수 있는 것은 너무도 당연한 말이겠지만, 〈구운몽도〉와 같은 범주의 민화들이다. 개중에도 특히 〈곽분양행락도〉 〈호렵도〉 〈백

도31 『**중국소설회모본**』 중 〈**장판구주長板救主**〉, **국립중앙도서관 소장(왼쪽)** | 조자룡이 장판파에서 유비의 아들을 구한다. 『삼국지』에 나온다.
도32 『**중국소설회모본**』 중 〈**신양동기申陽洞記**〉, **국립중앙도서관 소장** | 신양동의 원숭이 이야기. 『전등신화』에 나온다.

동자도〉처럼 그림에 많은 인물이 등장하는 것이 〈구운몽도〉와 더욱 가깝다. 최고로 좋은 팔자의 대명사인 중국 당나라의 곽분양이 인생을 즐기는 모습을 그린 〈곽분양행락도〉는 양소유가 팔선녀와 모여 즐기는 장면과 비슷하다. 또 무인의 사냥 장면을 담은 〈호렵도〉는 〈구운몽도〉의 전쟁 장면이나 마상 무술 장면과 연관된다. 그리고 부귀한 아이들이 호화롭게 노는 모습을 그린 〈백동자도〉는 〈구운몽도〉의 잔치 장면이나 담소 장면과 비슷하다. 〈백동자도〉는 효종이 왕위에 오르기 전 중국 심양에 포로로 잡혀 있을 때 중국의 화가 맹영광이 헌상한 것을 귀국하며 가져와 유포되었다고 알려져 있다.[9] 17세기 중반의 일이다.

이처럼 〈구운몽도〉는 이야기 그림으로서의 불화, 중국 시문 또는 이야기 화첩, 그리고 중국 희곡과 소설의 삽화, 그리고 동일 장르인 민화 등의 복합적 영향 속에서 형성되었다고 할 수 있다. 여기에다 약간의 변형을 가해, 개성적인 화면을 창출했던 것이다.

〈구운몽도〉의 용도

〈구운몽도〉는 어디에 놓였을까? 어느 곳에 가장 잘 어울리는 그림이었을까?

〈구운몽도〉는 민화民畵다. 그런데 민화라고 해서 화가가 서민 또는 아마추어이고, 향유층이 하층 백성이라고 생각하면 오산이다. 민화는 궁중 화원이 그린 것도 있고, 또 궁중 화원은 아니더라도 전문 화가의 그림이 많다. 1830년 불탄 경희궁을 중건하고 남긴 기록인 『서궐영건도감의궤西闕營建都監儀軌』를 보면 중건 사업에 참여한 화가로 '궁중 화원'이 셋이고, '방외화사方外畵師'로 서울 화사가 사십 명, 평양 화사가 열 명 동원되었다고 한다. 또 경상도 통영 같은 곳에는 관아에 화원방畵員房을 두었고, 여기에서 수십 명이 근무했다고 한다. 통영에는 중앙에서도 화사군관畵師軍官 한 사람을 파견하였는데, 그 화사들 가운데는 김두량처럼 궁중 화원으로 명성을 떨친 화가도 적지 않았다. 이처럼 조선 후기 화가들은 궁중 안팎은 물론 경향 간에도 교류했고, 이들 화가들이 주로 민화를 그렸다.

일찍이 민화를 수집한 조자용1926~2000 선생의 말에 따르면, 자신이 민화를 수집하던 초기, 즉 1950년대에 민화는 대부분 기와집에서 나왔다고 한다. 민화의 수요층이 대개 부유층이었던 것이다. 또한 궁궐 침전에 갖다 놓은 〈요지연도〉 병풍, 〈모란도〉 병풍 등을 볼 때, 궁궐을 포함해 상층 또는 부유층이 주로 민화를 소비했음을 알 수 있다. 요컨대 민화는 그림의 한 종류일 뿐이지 그 향유층과는 별 상관이 없다. 그래서 요즘은 오해를 피하기 위해 조선시대에 쓴 용어 그대로 속화俗畵라는 말을 쓰기도 하며, 김호연 선생 같은 분은 아예 겨레그림이라고도 하였다. 〈구운몽도〉도 먼저 경제적 여유가 있는 곳에서 소비했음을 염두에 둘 필요가 있는 것이다.

그림은 그 내용에 따라 놓일 자리가 처음부터 엄격히 정해져 있다고 볼 수는 없다. 다만 각 그림에 어울리는 공간이 있을 뿐이다. 서유구는 『임원경제지』 「섬용지贍用志」에서 "어버이의 장수를 빌거나 늙은 부모를 모시는 사람들은 〈요지연도〉나 〈십장생도〉를 많이 두고, 딸을 시집 보내거나 며느리를 맞을 때는 〈곽분양행락도〉나 〈백동자도〉를 두어 복 받기를 바라는 일이 많다. 대저 재실齋室, 제사 준비를 위해 마련한 집에는 수묵화 산수 병풍이 좋고, 규방에는 채색 인물 병풍이 좋다. 왜병풍倭屛風의 금빛 나는 그림은 침실에 펼쳐놓으면 좋은데 새벽 햇살이 막 오를 때면 사방의 벽을 밝고 환하게 만든다"고 하였다. 또 유득공의 『경도잡지』「서화書畵」에는 〈백동자도〉〈곽분양행락도〉〈요지연도〉를 혼례용 병풍이라고 했고, 제용감濟用監에 있는 모란을 그린 큰 병풍은 궁중의 잔치에 쓰이는데, 양반집 혼례에서도 빌려 쓴다고 했다. 이 밖에 〈책가도冊架圖, 책과 문방구 등을 올린 책꽂이를 그린 그림〉 병풍은 사랑방에 어울린다고 할 수 있을 것이다. 이로써 어떤 병풍이 어디에 어울릴지 대략 짐작할 수 있다.

민화와 공간의 어울림을 구체적으로 살피자면, 세 가지 방식의 조사가 가능할 듯하다. 우선 실내 풍경을 묘사한 기록이 있고, 다음으로 어떤 곳에 그려진 벽화가 있으며, 마지막으로는 20세기 초에 찍은 사진의 배경을 살필 수 있다. 여기서는 사진, 벽화 그리고 창덕궁에 있는 왕비의 처소인 대조전에 관한 기록을 차례로 살피기로 한다.

20세기 초의 각종 사진이나 엽서를 보면 인물 사진 뒤에 병풍이 놓인 것이 많다. 그 병풍들은 글씨를 적은 것이 많으며, 꽃이나 난초, 〈소상팔경도〉 등 산수를 그린 것도 많다. 이야기 그림은 찾아보기 어려운데, 특히 〈구운몽도〉는 하나도 보지 못했다.

벽화는 절에 〈상산사호도〉〈서유기도〉〈토끼전도〉 등이 그려진 곳이 얼마간 있다. 절 이외에 벽화가 있는 건물로는 충청, 전라, 경상 삼도의 수군통제영이 있었던 통영의 세병관洗兵館과 제주시에 있는 관덕정觀德亭을 들수 있다. 세병관은 원래 이순신 장군의 전공을 기리기 위해 만든 건물이라고 한다. 삼도수군통제사의 본영이자, 동시에 사신을 영접하고 각종의 공식

도33 **통영 세병관과 무사 그림, 필자 사진**

적인 의례를 행하는 건물인 객사로도 쓰였다. 워낙 칠이 벗겨져 잘 알아볼 수 없으나, 세병관 안쪽 분합문分閤門, 대청과 방 사이에 다는 접어올릴 수 있게 만든 문 위와 들보 아래에 〈사군자도〉 〈노송도老松圖〉 〈비천도飛天圖〉 외에 무사를 그린 그림도33이 있다. 무사 그림은 무인의 집무처와 잘 어울리는 것이다.

관덕정은 제주 사람들이 활도 쏘고 무예도 닦고자 세운 건물이다. 관아 바로 옆에 있긴 하지만 세병관처럼 공무를 수행하는 공간은 아니다. 몇몇 문집을 보면 여기서 기생 잔치를 벌이기도 했다. 건물 안에 걸린 '호남제일정湖南第一亭'과 '탐라형승耽羅形勝'이라는 편액도 그 유흥적 기능을 짐작하게 한다. 단순한 군사훈련장이 아닌 것이다. 이 건물에는 대들보 등에 총 7점의 그림이 있다. 〈수렵도〉 〈십장생도〉 외에 이야기 그림이라 할 수 있는 〈상산사호도〉가 있고, 또 두목杜牧의 '취과양주귤만거醉過揚洲橋滿車' 고사를 그린 그림도 있다. 다양한 그림 구성을 보여준다.

특히 두목의 고사를 그린 그림은 흥미롭다. 두목은 당나라의 시인으로 자字가 목지牧之이다. 시인으로도 유명하지만 미남의 대명사로 더욱 널리 알려져 있다. 그는 승상 우승유牛僧儒를 따라 양주揚州에서 근무했는데, 종종 기생집을 출입하여 기생들 사이에 이름이 높았다. 얼마나 인기가 높았던지 그가 술에 취해 양주 거리를 지나가면 그를 사랑하는 기생들이 사랑의 표시로 귤을 던져 그 귤이 그가 탄 수레를 금세 가득 채웠다고 한다. '취과양주귤만거'는 '취해서 양주를 지나니 귤이 수레에 가득하네'라는 뜻이다. 관덕정은 기생 잔치에도 쓰였으니 이런 그림이 흥을 돋웠다고 할 수

도 34 제주 관덕정과 〈취과양주귤만거〉 그림, 필자 사진

있다. 그림도34을 보면, 조선 기생의 복색을 한 여인들이 머리만한 큰 귤을 던지고 있는데, 두목은 늘 있는 일이라는 듯 무덤덤히 앉아 있다. 그 모습이 우리를 미소 짓게 한다. 제주도는 특산이 귤이니, 이 그림은 제주도와 잘 어울리는 그림이라 할 수 있다. 이처럼 이야기 그림 벽화는 사찰 외에는 무武와 관련된 곳에서만 찾아볼 수 있었는데, 여기서는 일단 이 정도만 지적해두고 앞으로의 연구를 기다린다.

마지막으로 살펴볼 기록은 이이순李頤淳, 1754~1832이 쓴 「대조전수리시기사大造殿修理時記事」라는 글이다. 1802년 8월 이이순이 왕의 공식 침실이자 왕비의 처소인 대조전 수리를 하면서 그 일의 경과와 대조전에서 본 것을 기록한 것이다. 대조전은 그 가운데에 왕의 거실 또는 접견실이라 할 만한 정당正堂이 있고, 동쪽에는 임금의 침실인 동상방東上房, 그리고 서쪽에는 왕비의 처소인 서상방西上房이 있었다.(123쪽)

이 글에 따르면 정당 북쪽에는 금전병金箋屛, 금색 종이를 붙인 병풍 두 쪽을 두었고, 그 앞에는 10첩의 〈요지연도〉 병풍을 쳤다고 한다. 또 동상방 동쪽 벽에는 〈모란도〉 병풍을 세우고, 북쪽 벽에는 〈구추봉도九雛鳳圖, 봉황새 새끼 아홉 마리를 그린 그림〉를 붙였다.[10] 가운데의 두 서까래와 서쪽 서까래에는 글씨를 붙였고, 정중간의 한 칸 방 서쪽에는 〈매화도〉 병풍을 세우고, 북쪽 벽에는 〈죽엽도竹葉圖〉 병풍을 세우고, 동쪽의 지게문 하나에는 〈매죽화梅竹畵, 매화와 대나무를 섞어 그린 그림〉를 붙였다고 한다. 순조 임금의 결혼식 때문에 대조전을 수리한 것이니, 임금의 신혼방 풍경이라고 할 수도 있다.

왕비의 처소인 서상방은 담박하게 별도의 그림 장식을 하지 않았는지 아니면 안방이라서 말을 삼갔는지 별말이 없다. 대조전에는 무릇 병풍이 십여 부部가 있는데, 금병金屛 하나는 일곱 마리의 학을 그렸고, 그 나머지는 신선이나 비룡, 또는 진기한 금수禽獸나 특이한 화초 등을 그렸다고 했다. 화려하면서도 담박하고 동시에 품격을 잃지 않은 그림 장식들인 듯하다.

위의 여러 예를 보면 〈구운몽도〉가 어디에 어울릴지 다소나마 짐작할 수 있다. 『구운몽』은 그 이야기의 중심이 한 남성과 여덟 여성의 결연에 있다. 따라서 〈구운몽도〉도 낭만적이고 환상적인 분위기로 충만해 있다. 이런 분위기가 어울리거나 필요한 곳은 어디일까? 단정한 선비의 사랑방에 두기는 선비의 맑고 근엄한 정신세계와 어울리지 않고, 남녀칠세부동석을 어릴 때부터 들어온 잘 배운 규수의 방에 두기는 너무 외설적일 수 있다. 이런 사정을 감안할 때, 〈구운몽도〉와 가장 어울리는 공간은 향락 공간, 곧 기생방이라 할 수 있다. 물론 기생방이라고 해서 〈구운몽도〉 같은 그림으로만 장식되지는 않았을 것이다. 20세기 초에 찍은 많은 기생 사진의 뒷배경에서도 〈구운몽도〉는 볼 수 없다. 대개는 산수와 화초 그림이고, 고작 해야 〈곽분양행락도〉 또는 〈백동자도〉로 보이는 병풍인데, 그것마저 아주 드물다. 사정이 이렇다 해도 〈구운몽도〉가 가장 어울리는 자리는 역시 향락 공간이다. 『춘향전』이나 『계우사』에서 기생방에 〈구운몽도〉를 둔 점으로도 짐작되는 일이다.

사도세자와 화원 김덕성

『중국소설회모본』의 그림을 주도한 화가는 김덕성1729~1797이다. 그는 신장神將, 귀신
장수을 잘 그린 화원으로 유명하다. 현재 전하는 다섯 작품 가운데 네 작품이 신장 그림이
며, 그 밖에 말 그림이 하나 있다. 네 신장은 각각 뇌공雷公, 벼락신, 종규鍾馗, 잡귀를 쫓
는 신, 괴성점두魁星點斗, 풍우신風雨神이다. 〈뇌공도〉도35에서 볼 수 있듯이 김덕성의
신장은 역동적인 힘이 넘친다. 벼락 치듯 조선시대 다른 그림에서는 좀처럼 찾아볼 수 없
는 박력이 있다. 심지어 글과 과거시험을 관장하는 북두칠성의 신 괴성점두도36마저 생
동감 넘치게 표현했다. 또 뇌공과 종규 그림에서는 날카롭거나 특이한 형태의 칼이 보이
는데, 특히 종규 그림도37에 보이는 칼은 한 칼집에서 두 칼날이 나온 특이한 쌍검이다.
『한중록』에서 혜경궁은 사도세자가 주술, 잡서, 귀신에 빠졌다고 했다. 또 무예와 칼을 매
우 사랑했다고 전하고 있다. 무예에 대한 그의 관심은 사도세자의 문집 『능허관만고凌虛
關漫稿』에 「예보육기연성십팔반설藝譜六技演成十八般說」 같은 글로 전한다. 18반 무예
를 약술한 글이다. 그의 칼 사랑은 당대 민간에 떠돌던 이야기에서도 확인된다. 『현고기
玄皐記』에는 사도세자의 청을 받고 칼을 만들어준 장인이 궁궐로 들어갔다가 사도세자에
게 목이 잘려 나온 이야기가 실려 있다. 김덕성은 사도세자가 아낄 만한 화원이었고, 김덕
성 또한 사도세자를 잘 따랐던 것으로 여겨진다.

도35 〈뇌공도〉, 국립중앙박물관 소장 | 그림 우측 상단에 "현은 김덕성이 그린 뇌공이다〔玄隱金德成所畵雷公〕"라는 화기가 앞에 있고, 이어 "산을 뽑을 듯한 힘과 세상을 다 덮는 기운이 역대 최고니, 이처럼 웅건한 신장이 누구인가. 맹분(孟賁)이나 하육(夏育)과 같은 장사라도 이에는 미치지 못하리라. 갑자년 8월〔力拔山氣蓋世 今古一人 若是神將之雄健者 果誰耶 賁育亦似不及 甲子仲秋〕"이라고 쓴 제사가 이어져 있다. 그리고 그 뒤에는 "약오(藥塢)"와 "엄계응인(嚴啓膺印)"이라고 쓴 두 방의 인장이 있다. 이 제사를 쓴 사람은 바로 약오 엄계응(1737~1816)이다. 엄계응은 서리 출신으로 시·서·화로 이름이 높았다. 한석봉 이후 최고 명필이라는 평가를 받은 비변사 서리 엄한붕(嚴漢朋)의 아들이다. 여기서 갑자년은 1804년이다.

도36 〈괴성점두도〉, 국립중앙박물관 소장 | 종전에 이 그림은 〈뇌공도〉 또는 〈선객도(仙客圖)〉로 잘못 알려져 있었다. 괴성점두는 북두칠성의 신이 자기 별에다 점을 찍는다는 뜻이다. 북두칠성은 문창성(文昌星) 곧 학문의 별이기도 하다. 최고의 학문적 성취를 이루었음을 나타낸다. 오른발을 용머리 위에 딛고 선 것은 과거에 장원 급제한 것을 나타낸 것이며, 왼발로 북두칠성을 차는 모습은 점을 찍는 것과 같은 뜻이다. 왼손에 든 됫박은 두성(斗星)으로 불리는 북두칠성의 '두(斗)'를 '말'이라는 뜻으로 나타내어 '말'을 재는 됫박으로 표현한 것이다.

도37 〈종규도〉, 국립중앙박물관 소장(아래) | 종규는 잡귀의 눈을 후벼 판 다음 잡아먹었다고 한다.

왕의 침실 실내 장식

「대조전수리시기사」는 이이순의 문집 『후계집後溪集』에 실려 있다. 그는 창덕궁 대조전
수리 일을 끝낸 다음, 구중궁궐에서도 외부인의 출입이 가장 엄격히 통제된 왕의 침실 내
부를 본 사실에 감격하여, 그 풍경을 세밀히 그렸다. 이 자료는 아마도 왕의 침실 내부에
관한 유일한 기록으로 여겨진다. 아래 이 기록 가운데 대조전 묘사 부분을 약간의 해설을
곁들여 번역한다.

　　대조전은 가운데 접견실로 쓰는 여섯 칸짜리 정당이 있고, 동쪽에 역시
여섯 칸의 동상방東上房이 있다. 동상방은 임금의 침실이다. 서쪽에는 같
은 크기의 서상방이 있다(김용숙 선생은 『조선조 궁중 풍속 연구』에서 왕
비의 침실이라고 하였다). 동상방에는 여섯 개의 방을 두었고, 서상방에는
여덟 개의 방을 두었다. 방을 둘러싼 곳에는 모두 툇마루를 두었는데, 흙벽
은 하나도 없고 모두 미닫이 또는 여닫이 문을 두었다.
　　정당에는 북쪽에 금전병金箋屛 두 쪽을 두었고, 그 앞에는 10첩의 〈요지
연도〉 병풍을 치고 또 그 앞에 용상龍牀, 임금이 앉는 의자를 올려두는 평상을
두었다. 용상 위에는 안동산 용문석龍文席, 용의 무늬를 놓아 짠 돗자리을 깔
고, 그 위에는 교의交椅, 의자를 두고 교의 앞에는 답상踏牀, 발받침을 두었
다. 교의 좌우에는 필묵을 놓은 책상과 향로와 화로를 두었다. 용상의 아래
동편에는 등잔걸이를 비롯해 색칠한 걸대와 옥으로 만든 받침을 두었고 거

도38 **창덕궁 대조전, 필자 사진** │ 현재의 대조전 건물은 1920년에 새로 지은 것이다. 1917년 화재 후 경복궁 교태전을 뜯어 옮겨와 지었다.

기에 열쇠를 걸어두었다. 또 정당의 서쪽에는 그림 장식을 한 틀 위에 월도와 작은 깃발을 세워놓았다. 서남편에는 칸막이를 세워두었는데 그 형태는 편종을 걸어놓는 틀과 같다. 칸막이 양쪽은 종이로 도배했는데 산수화를 그려 붙였다. 동남쪽 모퉁이에는 붉은 방석을 놓고, 구리로 만든 기러기와 금두꺼비, 금물고기를 놓고, 물고기 입에는 금연화金蓮花, 금으로 만든 연꽃를 꽂아놓았다. 남쪽의 두 기둥에는 큰 거울 한 쌍을 걸어놓고, 북쪽 툇마루와 남쪽 툇마루의 두 기둥에는 중간 크기의 거울 한 쌍을 걸었다. 정당남쪽의 두 기둥과 남쪽 툇마루의 두 기둥에는 각기 장검長劍 한 쌍을 걸었는데, 사슴가죽으로 걸이를 만들었다. 당의 남쪽에 있는 세 칸의 출입처에는 모두 주렴朱簾을 걸었고, 남북의 툇마루에는 먼저 삿자리를 깔고 그 위에 채화석綵花席, 꽃을 수놓은 돗자리을 두었다.

동상방에는 세 칸의 정침正寢이 있다. 임금이 자는 곳이다. 그 동쪽 벽에는 〈모란도〉를 세우고 북쪽 벽에는 〈구추봉도九雛鳳圖〉를 붙였다. 가운데의 두 서까래에는 부지런할 것을 권면하는 의미의 '창승월광蒼蠅月光'의 예서隸書 글씨를 붙였고, 서쪽 서까래에는 '정심수신正心修身'이라 쓴 팔분체八分體의 글씨를 붙였다. 정중간의 한 칸 방 서쪽 벽에는 〈매화도〉 병풍을 세우고, 북쪽 벽에는 〈죽엽도〉 병풍을 세우고, 동쪽의 지게문 하나에는 〈매죽화梅竹畫〉를 붙였다. 그 방에는 황화석黃花席을 깔았고 꽃무늬 등롱을 놓았으며, 황화석 위에는 연꽃 방석 한 쌍을 놓았다. 좌우와 뒤에 있는 협실夾室에는 병풍이나 옷을 두었다. 남쪽의 퇴당退堂에는 귀갑경龜甲鏡 한 쌍을 걸어놓고, 가마만한 크기의 놋쇠화로를 두었는데 덮개는 덮어놓았다.

서상방 두 칸은 남쪽에 햇빛을 많이 받을 수 있도록 영창影窓, 미닫이 문 안에 따로 달아 붙인 채광용 문을 두었으며, 나머지 한 칸은 지게문으로 통하게 했다. 북쪽 두 방에는 모두 큰 장롱을 두었다. 침실의 천장 장식인 반자盤子와 여닫이 문인 장자䕋子는 모두 백능화지白菱花紙로 도배했고, 청박지靑箔紙로 테두리를 발랐다. 창호는 초주지草注紙로 도배하고 기름을 먹였다. 방바닥에는 기름 먹인 장판張板을 깔았고, 그 위에 채화석綵花席을 덮었다.

오직 동상방 각 칸에만 채화석을 밑에 깔고 황화석黃花席을 덮어 자리를 겹쳐두었다. 대조전에는 병풍이 무릇 십여 부部가 있는데, 금병金屛 하나는 일곱 마리의 학을 그렸고, 그 나머지는 신선이나 비룡飛龍, 또는 진기한 금수禽獸나 특이한 화초를 그렸는데, 이루 헤아릴 수가 없다.

대조전의 북쪽에는 '적선무위積善無爲, 선을 쌓고 아무 일 없이 잘 다스리다'라 적힌 편액을 걸었는데 글씨 크기가 팔뚝만하다. 남쪽에는 '사무사思無邪, 생각에 사특함이 없다'라는 글씨가 있다. 동쪽 서쪽의 방과 남쪽 서쪽의 처마에는 각각 발을 쳤고 동쪽 처마에는 볕 가리개를 걸었다. 부뚜막 아궁이 구멍은 모두 쇠창을 달아 막았다. 대조전 정당의 남쪽에는 월대月臺, 건물 앞에 단을 쌓아 만든 테라스와 돌계단을 두었으며, 월대 위에는 판자울타리를 둘렀다. 판자울타리에는 동쪽, 서쪽, 남쪽 세 방향에 문을 두었으며, 그것을 장막으로 가려두기도 했다. 그 문들 가운데 오직 남쪽에만 편액을 걸었는데 경복문景福門이라 했다. 여기서부터 임금이 출입하는 길이 이어지는데 일곱 계단을 내려가면 임금의 출입문인 선평문宣平門에 이른다. 대조전 월대 위에는 돌로 만든 닭을 두었고, 또 쇠막대기 세 개를 세워두었는데 세 개의 구리줄로 쇠막대기의 머리를 뚫어서 서남쪽 행랑에 나누어 닿도록 하였다. 그 끝에 방울을 달았는데, 이것을 흔들면 행랑채에 사는 내인들과 여종들이 명령을 듣고 올라왔다. 대조전의 동북쪽에는 집상전集祥殿이 있는데, 대조전과 마찬가지로 용마루가 없다.[11] 또 서북편 모서리에는 징광루澄光樓가 있다. 대조전과 통한다. 대조전 북쪽 마당에는 괴석怪石과 화초를 놓아두었는데 그윽한 풍치가 있다.

그림을 통한 교화, 『삼강행실도』

『삼강행실도』는 효자, 충신, 열녀의 세 가지 도덕을 대표하는 인물들의 이야기를 묶은 책이다. 한 장에 한 이야기를 적되, 앞면에는 제목과 그림을 넣고, 뒷면에는 한문으로 이야기와 그 이야기를 요약한 시를 적었다. 세종대왕은 한글을 만든 후 이 책에 한글 풀이까지 새겨 출간하게 했다. 충효열이라는 대표적인 유교 덕목을 민간과 하층에까지 전파하기 위해서였다. 문자를 모르는 사람을 위해서는 그림을 앞세우고, 한글을 만든 다음에는 한글 풀이를 달아서 더욱 많은 사람이 읽고 교화되기를 바랐던 것이다. 이 책은 세종 이후에도 끊임없이 인쇄되었는데, 특히 중종 때인 1511년에는 2,940질을 인쇄할 정도로 보급에 열을 올렸다. 책이 귀한 시절에 근 3천 질이란 숫자는 지금의 3만 질은 물론 30만 질보다 더 큰 비중이 있는 숫자라 할 수 있다. 『삼강행실도』의 보급은 국가 차원에서 진행된 대규모 사업이었던 것이다.

다음은 『삼강행실도』 열녀편에 있는 한 그림이다. 제목이 '임씨단족林氏斷足'이라고 달려 있고 그 아래에 '본국本國'이라고 하여, 중국이나 고려가 아닌 조선조에 있었던 일임을 알려준다. 바로 뒤에 실린 이야기를 보면, 임씨는 전주 선비의 딸로 최극부와 결혼했는데, 왜구가 침략했을 때 왜구한테 사로잡혀 강간을 당하게 되자 죽음으로 저항했다고 한다. 임씨는 왜구가 한 팔을 잘랐는데도 계속 저항했고, 이어 한쪽 다리까지 잘라도 굽히지 않다가 결국 죽임을 당했다. 『태조실록』 1395년 4월 27일조에 절부 임씨를 위해 열녀문을 세웠다는 기사가 있다.

그림을 보면 한 면에 두 장면이 그려져 있음을 알 수 있다. 게일의 『구운몽』 삽화와 같은

도 39 「삼강행실도」, 국립중앙도서관 소장

형식이다. 두 장면 가운데 위쪽 그림은 임씨가 왜구에게 잡히는 장면이고, 아래는 팔과 다리가 잘려나간 장면이다. 위의 장면에서 임씨의 뿌리치는 자세는 거부와 저항을 보여주고, 아래 장면의 팔다리가 끊긴 임씨의 일그러진 얼굴에서는 견딜 수 없는 고통을 읽을 수 있다. 왜구들의 옷에는 점박이 또는 꽃무늬가 있어서 그들이 낯선 자들임을 보여준다. 낯선 존재에 대한 공포를 불러일으키고 있는 것이다.

『삼강행실도』 같은 책은 교훈적인 내용으로 가득 차 있어서 지루할 수밖에 없다. 그나마 이런 자극적인 그림이 실감을 주고 관심을 높였을 것이다. 종교든 이념이든 이야기를 통해 자신의 주장을 퍼뜨리고자 하는 사람들이 시각 이미지의 활용을 고려하지 않을 수 없는 이유가 여기에 있다. 그림은 살아 있는 이야기이면서 동시에 죽은 이야기를 살리는 묘약이다.

『성경』과 <수태고지>

한국은 물론 인도, 중국, 일본 등 동양의 미술관에는 불교나 전통 종교의 이야기를 그린 그림이 가득하다. 마찬가지로 서양의 미술관은 그리스 신화나 성경의 이야기를 그린 그림들로 꽉 차 있다. 종교, 이야기, 그림은 서로를 절실히 필요로 하는 존재들이다.

이야기 그림은 보통 이야기의 가장 강렬한 인상을 화폭에 담는다. 르네상스 미술의 보고로 알려진, 이탈리아 피렌체 우피치미술관에 있는 마르티니Simone Martini, 1284~1344 의 <수태고지受胎告知>를 보자. <수태고지>란 임신 사실을 알린다는 뜻이다. 천사 가브리엘이 성모 마리아에게 여호와 하느님의 아들 예수 그리스도를 잉태했음을 알리는 장면이다. 마리아는 요셉과 약혼을 했을 뿐 아직 혼례도 올리지 않은 처녀였다. 이런 처녀 앞에 웬 사람이 나타나 임신 사실을 알렸으니 어찌 당혹스럽지 않겠는가. 더욱이 당시 율법은 간음한 여자는 돌로 쳐 죽이게 되어 있었다.

가브리엘이 마리아에게 건넨 첫 말은 "은혜를 받은 자여, 평안할지어다. 주께서 너와 함께하시도다Ave gratia plena dominus tecum"라는 말이다. 『신약성경』 「누가복음」 제1장 28절에 있다. 그림 속의 천사의 입에서 나와 마리아의 귀로 흘러가는 한 줄기 빛 위에 적힌 내용이다. 이 말을 들은 마리아가 무슨 일인지 의아해하자 가브리엘은 다시 "두려워하지 말라"라며 진정시킨다. 그러고는 하나님의 아들을 잉태했음을 알린다.

마리아로서는 처녀의 몸으로 임신을 해 자신이 뜻하지 않게 죄에 빠졌다는 두려움도 있겠지만, 더 큰 것은 하느님의 아들을 잉태했다는 엄청난 부담감이다. 낯선 사람을 만난 당혹감에다, 그 사람이 던지는 벼락 같은 말로 생긴 두려움과 부담감, 거기에다 믿기 어려운

도40 **시모네 마르티니, 〈수태고지〉** | 우피치미술관 소장

도41 **레오나르도 다 빈치, 〈수태고지〉** | 우피치미술관 소장

내용에 대한 의혹도 있을 것이고, 처녀에게 임신을 했다고 하니 부끄러움도 없지 않을 것이다. 그리고 그 말을 진실로 받아들였을 때 느낄 무한한 영광과 기쁨도 있다.

마르티니의 그림을 보면 그 순간의 복잡한 감정이 잘 포착되어 있다. 날개 단 천사 가브리엘의 표정은 진지하기 그지없다. 그의 입에서 나온 말은 섬광처럼 마리아의 귀로 흘러들어가고 있다. 마리아는 몸을 살짝 뒤로 빼면서 당혹스러움과 부끄러움이 교차된 감정을 드러내고 있다. 그 표정에는 걱정이 역력하다. 마리아는 천사의 말을 금방 받아들인다. 마르티니의 그림은 그 복잡한 감정 가운데 영광과 기쁨은 잘 드러나지 않지만, 같은 미술관에 소장된 다 빈치1452~1519의 작품을 보면 마리아의 자세나 표정이 좀더 수용적이다.

그림은 이야기의 핵심을 인상적으로 전달하는 도구다. 동시에 이야기를 어떻게 읽어야 할지 독법을 보여주기도 한다. 그림은 이야기를 만나 살아 있는 화제畵題를 얻고, 이야기는 그림을 만나 전달의 동력을 얻는다.

의상과 선묘의 사랑, 동아시아를 잇는 이야기와 그림

동아시아에서 이야기와 그림의 만남과 교류를 보여주는 흥미로운 예 하나가 신라 고승 의상義湘, 624~702과 선묘善妙의 사랑 이야기다. 의상은 원래 원효대사와 함께 중국으로 불교를 공부하러 갔다. 그런데 원효가 중도에 중국행을 포기하자 의상은 혼자 중국으로 갔다. 의상은 중국에서 부잣집 딸 선묘를 만났는데, 선묘는 의상에게 반해 의상의 아내가 되고자 했다. 하지만 의상이 굳게 거절하자 다시 마음을 고쳐먹고 함께 불교의 진리를 깨닫고자 했다. 의상이 공부를 마치고 신라로 돌아갈 때, 선묘는 의상에게 귀국 선물을 주러 바닷가로 가는데, 선묘가 바닷가에 도착했을 때 의상이 탄 배는 이미 먼 바다로 떠나버린 상태였다. 이에 선묘는 "용이 되어 대사가 탄 배를 신라까지 무사히 인도하고 대사와 함께 신라에서 불법을 전하리라" 하며 물에 몸을 던졌다.

『삼국유사』에도 의상의 전기가 있으나, 선묘와의 사랑 이야기는 기록되어 있지 않다. 이 이야기는 『삼국유사』보다 앞서 편찬된 중국의 『송고승전宋高僧傳』에 실려 전한다. 그런데 이 이야기는 일본에 건너가서 〈화엄종조사회전華嚴宗祖師繪傳〉이라는 네 점의 연속된 그림으로 그려졌고, 그것은 현재 일본 국보로 지정되어 있다. 그림은 선묘가 물에 몸을 던지는 장면이다. 바닷가 절벽이 바로 물과 닿아 있어서 거친 파도가 금세라도 육지를 덮을 듯한데, 선묘는 뒤따라오는 사람들의 급박한 동작과 안타까운 표정은 아랑곳하지 않고 마치 폭신한 침대에 몸을 던지듯 편안한 자세와 표정으로 바다에 몸을 던진다. 상황의 급박함과 안정된 심리 상태를 절묘하게 대립시켜 보여주는 작품이다. 이 작품은 1233년경에 그려졌다고 한다. 의상과 선묘의 이야기는 기록은 중국에서 전하고, 일본에는 그림

도42 〈화엄종조사회전〉, 1233년경, 일본

이 남아 있으며, 한국에는 부석사의 창건 설화가 되어 현재까지 유물이 있다. 부석사 선묘각善妙閣이 그것이다.

4

『구운몽』의
미학

<구운몽도> 병풍을 한번 펼쳐보아도 알 수 있듯이, 『구운몽』의 중심은 낭만적 사랑이다. 고전으로서 『구운몽』의
위대한 점은 그 불교적 인생철학이 아니라 삶이 아름다울 수 있는 이유를 낭만적으로 보여준 데 있다. 종반부에 있
는 육관대사의 의미심장한 불교적 제명은 낭만적 삶을 다시 진지하게 성찰하게 함으로써 소설의 품격을 한층 더
높였다는 의미가 있을 뿐이다.

〈구운몽도〉는『구운몽』을 읽는 또하나의 방법이자 또하나의 즐거움이다. 조선시대에 기행문을 와유록臥遊錄이라 했다. 책을 읽으며 누워서 여행을 한다는 말이다. 서유구는『임원경제지』에서 병풍을 '와유'하게 하는 물건이라 했다. 이렇게 보면 〈구운몽도〉는 누워서 편안히 즐기는『구운몽』이다. 『구운몽』의 매력과 인기가 〈구운몽도〉를 낳았고, 〈구운몽도〉가『구운몽』을 더욱 가깝게 해주었다. 여기서는『구운몽』과 〈구운몽도〉의 즐거움과 매력, 그리고 그 미적 배경을 살펴본다.

환상의 세계

『구운몽』은 조선시대 환상문학의 대표작이다. '구운몽'이라는 제목부터 몽환적이다. 흔히 '구운몽九雲夢'을 '아홉 조각 구름의 꿈'으로 번역한다. 주인공이 아홉 명이고, 또 그들이 모두 꿈속에서 만나니, 꿈과 구름이 몽롱한 연기 속인 듯 잘 어울린다. 〈구운몽도〉, 특히 자수 병풍 〈구운몽도〉는 아홉 색깔의 구름을 배경으로 그리고 있는데 일부러 제목을 의식한 듯하

구운몽의 미학

137

다. 하지만 '구운몽'의 다층적 의미는 여기에 그치지 않는다.

중국 서남쪽에 있는 동정호를 포함한 엄청난 크기의 호수를 운몽택雲夢澤이라고 부른다. 범위를 지정할 수 없을 정도로 엄청나게 넓은 지역을 포괄하는 전설적 지명이다. 후대에는 이처럼 상상도 할 수 없는 넓은 공간을, 그런 호수가 아홉 개나 된다고 표현하여, '팔구운몽八九雲夢' 또는 '구운몽九雲夢'으로 나타냈다. 소식의 시 「동정보표형유백수산同正輔表兄游白水山」에 "길이 부질없는 세상 분쟁을 사절하여, 가슴속 구운몽을 한바탕 씻노라永辭角上兩蠻觸 一洗胸中九雲夢"라는 구절에서 '구운몽'이라는 표현을 볼 수 있다. 구운몽을 '아홉 개의 운몽택'으로 본 해석은 한평생 『구운몽』을 연구한 프랑스 학자 다니엘 부셰Daniel Bouchez 교수의 최근 학설이다. 부셰 교수가 든 예 외에도 권필 등 여러 사람들의 시문에서 '구운몽'이 이런 뜻으로 쓰이고 있다. 김만중의 박식을 감안할 때 충분히 이런 의미도 고려되었을 것이다.

'구운몽'의 '구운'은 또한 도교에서 신선이 사는 세계를 가리키는 것이기도 하다. 이렇게 보면 구운몽은 신선 세계의 꿈이다. 신선 세계에서 꾸는 꿈일 수도 있고, 신선 세계를 향한 꿈일 수도 있다. 어느 것이든 작품의 분위기와 잘 연결된다.

'구운몽'은 크게 보아 위의 세 가지 의미 가운데 하나에 해당할 것이다. 아니 의미를 꼭 어느 하나에 가둘 필요는 없다. 김만중은 어쩌면 애초부터 이 세 가지 의미를 모두 포괄했는지도 모른다.

『구운몽』은 배경 무대부터 문명의 끝, 인간의 발길이 좀처럼 닿을 수 없는 곳에서 시작되고 있다. 남악 형산은 실재하는 곳이지만 의식상으로는 실재에서 벗어난 곳이다. 육관대사의 설법에 용왕이 감사하고, 선녀들과 불제자가 어울리는 그런 곳이다. 현실을 넘어선 곳이면서 현실보다 안락하고 안정적이고 편안하다. 문명의 끝에 있지만, 야만이라기보다는 이상 사회에 더 가깝다. 초월적이면서 환상적이고, 환상적이면서 낭만적인 곳이다. 사실 한국이 아니라 중국을 배경으로 선택한 것도 환상성을 높이는 장치다. 당대 문명의 선진국이며, 전설적 역사가 살아 숨쉬는 곳을 배경으로 삼은 것이다. 조선인들의 생각이 그랬다.

환상의 세계에서는 돌다리 위에서 성진과 팔선녀가 만나고, 양소유의 현실 속에서는 끊임없이 화려한 축제가 벌어진다. 여기에는 치명적인 시련은 없고 오직 승리와 성공의 드라마만 존재한다. 마치 조선 사회의 가장 성공적인 삶을 그려낸 〈평생도平生圖〉의 멋진 파노라마를 보는 듯하다. 양소유는 기생 계섬월을 끼고 벌인 시회詩會에서 으뜸에 뽑히고, 과거를 보면 장원이요, 국가 간 분쟁은 쉽게 언변으로 해결한다. 외세의 전면적 침략조차 소풍 가듯 나가 싸워 대승을 거둔다. 보통 사람은 한평생 한 번밖에 할 수 없는 결혼식을 지상과 용궁에서 두 번이나 올린다. 그리고 그 잔치는 모두 전대미문의 화려한 것이다. 지상의 결혼은 두 공주를 동시에 얻는 성대한 잔치이고, 용궁에서의 결혼은 환상적 축제의 극치를 보여준다.

〈구운몽도〉에서 신비하고도 환상적인 분위기가 가장 잘 드러난 장면은

도43 〈가면춤 그림〉, 오사카시립박물관 소장

쌍검을 들고 구름을 타고 하늘에서 내려오는 심요연 장면, 그리고 양소유 군대와 남해 태자의 전투 장면 곧 백능파 장면이라 할 수 있다. 자객이 찾아오는 급박한 장면에서도 긴박성보다는 심요연의 아름다움만이 부각될 뿐이며, 후자의 전투 장면은 치열한 각축보다는 가면무도회의 군무群舞처럼 보인다. 유명한 이탈리아 베네치아의 가면 축제를 떠올릴 수도 있고, 1840년에 그려진 일본 교토의 서민 가장무도회를 그린 그림과도 흡사하다. 위의 〈가면춤 그림〉에는 문어, 복어, 메기, 자라의 가면을 뒤집어쓴 사람들이 줄지어 흥겹게 춤을 추고 있는데, 이 장면과 양소유 군대에 쫓겨 달아나고 있는 새우, 게, 자라, 물고기 들을 그린 백능파 장면도13에서는 모두 위기감보다 흥거움이 느껴질 뿐이다.

일부다처제의 해석

『구운몽』을 생각할 때 보통 사람들이 가장 먼저 떠올리는 것이 일부다처제이다. 양소유가 여덟 부인을 둔 일 말이다. 양소유의 그런 삶을 부러워하는 사람도 있지만, 그것을 마치 목에 걸린 가시처럼 생각하는 사람도 있다.

게일의 영역본『구운몽』맨 앞에 해설을 붙인 스콧도 본격적인 작품 분석을 시작하면서 글의 맨 첫머리에 일부다처polygamy를 거론하였다. 물론 스콧은『구운몽』의 일부다처제를 비판적으로만 보지는 않았지만 그것을 불편하게 여길 서양 독자들에게 설명이 필요했던 것이다. 스콧은 일부다처제를 그린『구운몽』안에서 여성 억압보다는 오히려 여성의 불만을 읽어냈다. 억압적인 일부다처제에서 자기 목소리를 낸 여성을 찾아 읽음으로써 양소유의 일부다처제가 결코 억압적이지 않음을 말한 것이다.

일부다처제는 실제로 조선이나 중국의 법제에서 인정될 수 없는 것이었다. 한 남자에게 한 명의 부인만 허락될 뿐이었다. 단, 처첩제가 있어서 처는 한 명뿐이라고 해도 첩은 여럿을 거느릴 수 있었다. 양소유가 두 명의 처를 거느리게 된 것은 법에도 어긋나는 일이다. 하지만 본인도 어쩔 수 없는 상황에서 초법적 지위에 있는 임금의 허락을 얻어 그렇게 한 것이다. 또 여섯 명의 첩을 둔 것은 법적으로는 문제가 없다 하더라도 도덕적으로는 문제가 될 수 있다. 하지만 이 역시 자신이 호색한이어서가 아니라 여성들이 자원해서 그렇게 된 것이다. 양소유가 이처럼 용납될 수도 없고 허락될 수도 없는 일을 이루어가는 과정을 지켜보는 것이『구운몽』의 소설적 흥미소라고 할 수 있다. 스콧은『구운몽』이 일부다처제의 틀을 가지고 있음에도 불구하고 '지상 천국'을 그리고 있다고 했다.

『구운몽』의 일부다처제를 이해한다고 해도, 그 이면에 깔려 있는 양소유의 호색 취향을 여전히 불편하게 여기는 사람들도 있다. 한눈에 진채봉에게 반해 넋을 잃을 뿐만 아니라, 불과 열다섯 살의 어린아이가 기생 놀음에 끼어 기생 계섬월과 잠자리를 하고, 또 그 기생의 추천을 받아 과거 시험도 보기 전에 여장을 하고 여자 집정경패의 집을 찾아가는 대담함이 눈에 걸리는 것이다. 단정한 선비가 할 일도 아니고, 물론 아이들에게 권할 일도 아니다. 그러나 이런 이유로 '음란'이니 '외설'이니 하면서 교육 과정에서 추방시켜야 한다는 주장은 더욱 받아들일 수 없다.

소설은 수신서修身書, 도덕서道德書, 계몽서啓蒙書가 아니다. '이렇게 살아라', '저렇게 행동하라' 하는 듣기 싫은 말을 귀에 못이 박히게 되풀이하는 것을 좋은 교육이라고 할 수도 없다. 좋은 교육이란 남과 더불어 사는 방법을 가르치는 것이고, 잘 사는 방법을 가르치는 것이다. 잘 사는 것은 무엇보다 즐겁게 사는 것이다. 즐거움은 억압받지 않는 자유로운 삶에서 시작된다.

양소유는 여덟 부인이나 거느리는 호남豪男이지만 그렇다고 누구를 억압하는 인물은 아니다. 여장을 해서 정경패를 한 번 속이지만 자신 역시 정경패에게 속고 가춘운한테는 더 크게 당한다. 작품 후반부에서는 온 여자들이 정경패가 죽었다며 합세해서 속이는데도 어수룩이 속는다. 양소유는 호쾌한 남아이지만 번번이 여자들한테 속는 귀엽고 가련한 아이이기도 하다. 『구운몽』은 누구도 억압하지 않는 즐거운 세상을 보여준다.

또 열다섯 살 어린아이가 이성에 너무 일찍 눈뜬 것 아닌가 할 수도 있겠지만, 당시의 열다섯 살은 지금의 중학생과는 다르다. 열다섯 살이면 엄연히 성인이었다. 임금은 열다섯 살이 되면 직접 나라를 통치하며 왕비와 합방을 한다. 그리고 기생의 경우 열두세 살만 되어도 남자와 잠자리를 한다. 신체적으로는 이른 일이겠지만 사회적으로는 크게 이상하게 여기지도 않는다. 열다섯 살의 양소유는 아이가 아니라 어른이라는 사실을 교육 과정에서 먼저 알려줄 필요가 있다. 아이가 아닌 성인 양소유가 삶을 즐기는 모습은 교육적으로 가르칠 만한 가치가 있다. 이런 작품을 버리고 삶의 유머와 위트를 어디서 배울 것인가? 『구운몽』 없는 도덕적 세상을 꿈꾸는 사람에게, 만일 그런 곳이 있다 해도 그곳은 사람들이 원치 않는 곳일 거라고 말해주고 싶다.

화법과 예법

『구운몽』을 읽는 재미는 양소유가 어떻게 여덟 부인을 얻는가를 알아내는 데만 있지는 않다. 영조도 감탄한 그 솜씨 좋은 문장을 읽는 재미가 크다. 김만중의 문장 솜씨는 여러 차원에서 언급될 수 있겠지만, 주인공의 수준 높은 말솜씨부터 볼 만하다. 여기서는 그 한 가지 예만 들어본다. 양소유가 계섬월을 차지하는 과정에서 사용한 표현들이다.

형초 땅 시골 선비인 양소유는 과거를 보러 서울로 가다가 낙양을 지나게 되었다. 낙양은 한나라의 도읍으로 문물의 번성함이 당나라 서울인 장안에 못지않았다. 낙양의 번화가를 지나는데 풍악 소리와 함께 코를 찌르는 향내가 풍겨왔다. 고을 수령의 큰 잔치가 벌어졌나 하고 동자를 시켜 알아봤더니 낙양의 귀공자 십여 인이 기생 수십 명을 불러다놓고 잔치를 벌인다고 했다. 양소유는 이 말을 듣고 흥취가 일어 바로 잔치가 벌어지고 있는 누각으로 올라갔다.

초라한 행색의 시골 선비가 도회의 귀공자들을 상면하는 장면이다. 양소유가 어떤 말을 던져 귀공자들과 어울리게 되는지 그 대화를 들어보자.

귀공자 1 형의 행색을 보니 과거 보러 가시나봅니다.

양소유 실로 형의 말씀과 같습니다.

귀공자 2 형이 과거 보는 선비라니 비록 미리 청하지는 않았지만, 오늘

저희 모임에 참여해도 무방하겠습니다.

양소유 두 형의 말을 듣자하니, 오늘 모임이 술로만 즐기는 자리가 아니요, 시를 겨루는 자리인가보군요. 소제小弟는 형초 땅의 빈천한 사람으로, 아직 나이가 어릴 뿐만 아니라 용렬한 솜씨로 외람되이 향시에는 합격했습니다만, 보고 배운 바가 적습니다. 제공諸公들의 성대한 모임에 말석에라도 끼는 것이 외람될 듯합니다.

이렇게 양소유가 공손히 응대하니 낙양의 귀공자들은 양소유를 자기네 잔치에 끌어들이고, 마침내 양소유는 이 시회에서 계섬월에게 뽑혀 계섬월을 얻게 된다.

조선 후기 서울의 기생집에도 엄격한 격식이 있었다. 기생집에서는 한 무리의 손님만이 아니라 여러 무리의 손님을 동시에 받았는데, 한 기생을 두고 자칫하면 여러 손님 사이에 싸움이 나기도 했다. 손님끼리의 싸움을 막기 위해 격식이 필요했던 것이다.[12] 양소유가 참여한 시회는 선비들의 모임이니 좀 다르겠지만 낯선 집단과의 경쟁 상황에서는 더욱 말을 조심할 필요가 있다. 양소유는 원래부터 교양인의 화술을 보여주지만 이런 상황에서는 그것이 더욱 빛을 발한다. 양소유는 공손히 사양하는 태도를 보였지만 결국 자신이 원하는 모든 것을 얻었다. 『구운몽』은 이런 표현 하나하나가 모두 곱씹고 배울 만하다.

조선은 예의의 나라다. 예의가 아니면 한 손, 한 발도 제대로 움직일 수 없는 엄격한 예의가 지배하였다. 그러니 양소유의 품격 높은 대화술은 작품에서 무엇보다 볼 만한 요소가 된다. 작가가 예의를 중시하는 만큼 독자들도 예의를 중시한다. 독자들은 주인공의 일거수일투족이 예의에 맞는지 살핀다. 조선 후기의 다른 장편소설을 보면 작품 중간 중간에 독자들의 평이 있는데, 그 가운데 대부분이 주인공이 예법을 제대로 지켰는지 따진 것이다.『구운몽』이 창작되기 불과 십수 년 전에 조선의 정치권을 뜨겁게 달군 이른바 예송논쟁禮訟論爭이 있었다. 임금이 죽은 다음 왕비가 얼마 동안 상복을 입어야 할지를 두고 정권의 사활을 건 논쟁이 있었던 것이다. 이처럼 예법 문제가 중요하니 화술과 화법은 소설에서도 흥미로운 관심의 대상이 되지 않을 수 없었다.

예법은 보통의 경우에 논쟁으로까지 비화되지는 않는다. 일반적인 경우의 예법이라면 그런 데 적용하는 기준이 거의 통일되어 있기 때문이다. 그런데 일반적인 예법의 적용이 어려운 경우도 상당히 많다. 예컨대 약혼을 했는데 남편 될 사람이 결혼 전에 죽어버렸다면 신부는 수절을 해야 하는가. 물론 이 물음은 여성의 수절을 중히 여기는 조선의 상황에서 물은 것이다. 약혼을 결혼같이 여기면 마땅히 수절해야 하겠지만, 아직 혼인의 절차가 완료된 것이 아니라고 본다면 수절할 필요가 없다. 혼인의 여러 단계 가운데 어느 시점 이후를 결혼이 완료된 것으로 볼 것인지, 지금이야 결혼식이 하루 만에 끝나기 일쑤지만 전통 혼례는 절차가 번거롭고 오랜 시간이 걸리므로 이 문제 역시 간단치 않다. 이런 단정 짓기 어려운 문제가 적지 않기에 이 문제들을 해결하기 위해 예학禮學이 필요했다. 그런데 소설에서는 현실에서 드물지 않게 발생하는 예의 문제보다 훨씬 판단하기 어려운 상황이 제시되는 경우가 많다. 그래서 이 문제가 어떻게 해결되는지 지켜보는 것이 독자의 주요한 관심거리가 된다.

『구운몽』에서 양소유를 가장 당혹스럽게 만든 사건은 임금의 결혼 명령이다. 자신이 약혼한 사람이 있다는 데도 임금이 자기 여동생과 결혼시키려고 들기 때문이다. 임금은 양소유가 결혼 명령을 거부한다는 동생 월왕의 보고를 듣자, 양소유가 폐백 절차는 행했지만 아직 결혼식은 올리지 않았으니 친히 설득하면 자기 말을 들을 것이라고 하면서, 양소유를 불러 아래와 같이 말한다.

임금 짐의 누이 재질이 보통 사람과 달라 오직 경의 배필이 됨 직하오. 그래서 동생에게 말하여 내 뜻을 그대에게 알리게 했소. 그런데 동생이 돌아와 경이 폐백을 보낸 곳이 있음을 들어 사양하더라 하니, 이는 경이 잘못 생각한 것이오. 역대로 임금이 부마를 가릴 때 혹 부인이 있으면 그 부인을 내보내기에 부마 되기를 꺼렸소. 왕헌지王獻之는 자기 부인을 버리고 부마가 된 다음 죽는 날까지 안타까워했고, 송홍宋弘 같은 이는 술지게미를 먹으며 함께 고생한 부인을 버릴 수 없다고 하면서〔糟糠之妻不下堂〕부마 되기를 사양했소. 짐이 세상 사람들의 아버지가 되어 어찌 그른 일로 아랫사람의 인생을 그르치겠소. 그런데 이번 일은 그 일들과는 다르오. 지금 경이 정씨와의 혼인을 물리더라도 정씨는 다른 곳에 결혼할 수 있을 것이오. 그러니 경이 혼인을 물리는 것은 조강지처를 내치는 것과는 다르오. 경이 혼인을 물린다 해서 윤리도덕을 지키는 데 무슨 해가 되리오.

양소유 성상聖上께서 신臣에게 죄를 주지 않으시고 이렇듯 설득하시니 천은天恩이 망극이로소이다. 다만 신의 처지가 다른 사람과 같지 않아서, 젊은 나이에 서울에 와서 바로 정씨 집에 폐백을 드리니, 정사도鄭司徒는 이미 장인과 마찬가지입니다. 더욱이 정씨녀와는 벌써 상면까지 했으니, 비록 혼례식까지는 올리지 못했으나, 이는 단지 나라에 일이 많아 신이 어미를 모셔오지 못했기 때문일 뿐입니다. 이제 신이 성상의 명령을 따르면 정씨가 다른 집에 시집갈 리 없습니다. 가련한 한 여자가 제 살 자리조차 잡지 못하는 상황이 되면, 그 어찌 임금의 거룩한 다스림에 흠이 되지 않겠습니까.

임금은 아직 결혼식을 올린 것이 아니니 약혼을 취소해도 문제 될 것이 없다고 하고, 양소유는 결혼식은 올리지 않았지만 결혼식을 올린 것과 다를 바 없으니 약혼을 취소할 수 없다고 주장하고 있다. 이 상황에서 임금의 주장이 잘못이라면 임금은 부덕不德한 것이 되고, 양소유가 잘못이라면 양소유는 더욱 심각하게 불충不忠한 것이 된다. 임금이나 양소유는 모두 여기에 마땅한 예문禮文 또는 선례를 찾지 못하고 있다. 결국 임금은 일개 소년 신하와 예의 논쟁에서 접점을 찾지 못하고 일을 극단으로 몰아간다.

양소유는 상소문을 올리고, 태후까지 이 일에 끼면서, 명을 듣지 않았다는 이유로 양소유를 감옥에까지 보낸다. 이리하여 이 문제의 해결 방식에 대해 독자의 관심은 더욱 커진다.

『구운몽』의 예법 문제는 독자들한테서 제기될 수도 있다. 『구운몽』을 '음란소설'로 본 려증동 교수는 '불효소설'이라고도 했는데, 양소유가 어머니한테 알리지도 않고 결혼을 정한 것을 한 이유로 들고 있다. 예법에서 말하는 '불고이취不告而娶', 곧 부모한테 고하지도 않고 결혼을 정한 불효를 저질렀다는 것이다. 이 점에 대해서는 당대 독자들 중에도 불만을 가진 사람이 없지 않을 것이다. 하지만 이 예법의 문제 역시 간단치 않다. 양소유는 이미 아버지가 없는 상태이니 어머니한테까지 꼭 먼저 알려야 하는가가 먼저 드는 의문이고, 또 어머니한테 알려야 한다고 하더라도 양소유가 고향에서 너무 멀리 떨어져 있다는 점을 고려할 필요가 있으며, 마지막으로 임금의 명을 따른 것이라 어쩔 수 없었다고 볼 수도 있다.

화법과 예법에 대한 관심은 『구운몽』을 포함한 조선시대 소설, 특히 장편소설 대부분에 그대로 적용되는 것이다.[13] 소설을 읽는 것은 한글을 배우고 화법을 익히며 교양과 예법을 공부하는 중요한 학습 방법이었던 것이다.

속임수의 축제

『구운몽』의 또하나의 흥미소는 속고 속이는 속임수다. 그런데 속이기는 하지만 누구에게 치명적인 피해를 입히는 것은 아니다. 속임수를 통해 즐거운 만남의 기회를 얻거나 여러 사람들이 함께 웃고 즐긴다. 속는 사람도 툴툴 털고 웃으며 일어나면 그뿐인 속임수다. 속임의 방법도 변장이나 죽은 척해서 놀리는 것에 불과하다.

작품의 앞부분에서 양소유는 여장을 하고 정경패를 만나러 간다. 나중에 정경패는 그 사실을 알고 속은 게 분해서 자기도 양소유를 한번 속이겠다고 한다. 시녀 가춘운을 선녀로 변장시켜 주위 사람들을 동원하여 양소유를 속인다. 가춘운과 하룻밤을 보낸 양소유는 자신이 선녀와 운우지락을 누렸다고 여긴다. 정경패의 사촌인 정십삼랑도 양소유를 놀려 어떤 무덤을 양소유가 사랑을 나눈 선녀의 무덤이라고 하는데, 양소유는 그 말에 속아 무덤에 술을 뿌리며 조문한다. 또 관상쟁이를 불러서 양소유를 보게 하는데 관상쟁이는 양소유 얼굴에 나쁜 기운이 가득하다고 하면서 귀신과 만나지 않느냐고 묻는다. 그런데 양소유는 바로 대답했다가는 선녀를 잃을까봐 그런 일이 없다고 시치미를 뗀다. 이때 정경패의 아버지가 가춘운을 불러오게 해서 양소유는 여러 사람 앞에서 망신을 당한다. 천하에 이름 높은 천재 양소유가 마치 배비장이 제주 기생 애랑에게 속아 톡톡히 망신을 당한 것처럼 우스꽝스럽게 된 것이다.

등장인물이 자기 본모습을 감추고 변장하는 것은 적경홍 사건에도 나온다. 기생 적경홍이 남장을 하여 작은 사건이 일어난 것이다. 또 난양공주가 이사또의 누이라고 신분을 감추고 정경패를 만나러 가는 장면도 있다.

속임수를 통한 축제적 즐거움은 작품 후반부에 더욱 커진다. 모든 여성들이 양소유를 속이는 장면이다. 양소유는 공주와 결혼하라는 임금의 명령을 거부하다가 투옥된다. 그런데 마침 토번이 침략하자 임금은 양소유를 대장군으로 출전시킨다. 양소유는 출전한 지 얼마 지나지 않아 승전보를 보내오는데, 이에 임금은 다시 양소유의 결혼 문제를 꺼낸다. 처음에는 양소유가 돌아오기 전에 정경패를 다른 곳에 결혼시켜버릴까 했는데 차마 그렇게 하지는 못한다. 이때 난양공주가 옛날 제후에게는 세 부인이 있었다고 하면서, 양소유는 돌아와 잘되면 왕이 되고 못 되어도 제후는 될 것이니, 양소유가 자신과 정경패, 두 부인을 둔다 한들 무슨 문제가 되겠냐고 한다. 다만 소문처럼 정경패가 뛰어난 인물이라면 그렇게 해도 괜찮지만, 정경패의 인물이 소문만 못하면 그리하지 않겠다고 한다. 정경패의 인물됨이 소문과 다르다면 그를 양소유의 첩으로 삼게 하든지 다른 길을 찾게 하든지 하자는 말이다. 이리하여 난양공주는 정경패를 직접 보기 위해 자신을 이사또의 누이라고 속이고 정경패에게 접근한다.

정경패를 본 난양공주는 그 인물에 감복하여 정경패와 함께 양소유의 부인이 될 결심을 한다. 그리고 정경패도 모든 상황을 양해하고 태후와 임금의 허락까지 받는다. 정경패는 태후의 양녀가 되고 또 영양공주로 책봉

된다. 그리고 두 공주가 양소유와 결혼하도록 정해진다. 이렇게 해놓고는 양소유가 개선가를 울리며 돌아오거든 정경패가 비명에 죽었다고 속이자고 말을 맞춘다. 또 정경패가 죽으면서 유언으로 양소유에게 임금의 두 누이와 결혼하라는 말까지 남겼다고 하면서 속이자고 한다. 이렇게 해서 양소유 주변의 모든 사람들이 양소유를 속인다.

이리하여 양소유는 두 공주와 결혼하는데 영양공주의 목소리를 듣고 얼굴을 보니 정경패와 너무도 흡사해서 의심한다. 마침내 조용히 자신의 의혹을 영양공주에게 이르는데, 영양공주는 자신을 미천한 여염의 여자인 정경패와 비교했다고 불쾌해한다. 무안해진 양소유는 영양공주가 공주라고 유세를 부린다면서 내심 괘씸해한다. 영양공주는 양소유가 자신을 무시했다며 평생 양소유를 보지 않겠다고 하는데, 난양공주 역시 자신은 영양공주와 생사고락을 함께하기로 했다면서 혼자 지내겠다고 한다. 양소유는 어쩔 수 없이 난양공주의 시첩인 진채봉에게 가는데, 진채봉은 처가 없으면 첩 역시 장부를 모시지 않는다는 『예기禮記』의 예법을 들어 양소유더러 혼자 밤을 지내라고 한다. 이리하여 양소유는 누구보다 많은 부인을 두고도 하룻밤을 함께 지낼 부인이 하나도 없는 쓸쓸한 처지가 되고 만다. 그래서 쓸쓸한 마음을 달래려고 뜰을 배회하는데 영양공주의 방을 보니 자기 처첩들이 모여 웃음꽃을 피우며 담소를 나누고 있지 않은가. 그들의 대화를 엿들어보니 말이 자기 일에 미치고 있었다.

난양공주가 웃으며 정경패에게 물었다.

"이전에 가춘운이 자신을 귀신이라고 하면서 승상을 속인 이야기는 제가 자세히 듣지 못했습니다. 그때 정말 승상이 속았습니까?"

"어이 속지 않으리오. 승상이 귀신을 만나 두려워하는 모습을 보고자 했더니, 오히려 귀신에게 마음이 빼앗겨 귀신 꺼릴 줄조차 모르더이다. 여색을 밝히는 사람을 색에 굶주린 귀신이라 한다는 옛말이 그르지 않나봅니다. 색중아귀色中餓鬼가 어찌 귀신을 두려워하겠습니까?"

이 말을 듣고 양소유는 영양공주가 정경패임을 알게 되었고, 여자들이 작당하여 자신을 속이고 있음을 알았다. 양소유는 분을 참지 못하는데, 이때 보인 양소유의 반응 역시 속이다. 양소유는 밤에 죽은 정경패를 만났다면서 의식을 잃은 듯 계속 헛소리를 한다. 다시 정경패를 만나지 못하면 죽을 듯이 구는데, 결국 정경패가 자신의 정체를 실토한다. 이렇게 한바탕 속고 속인 다음 흐뭇한 대화가 이어진다.

정경패는 이번에는 자신이 속은 줄 알고 살포시 웃는다. 난양공주가 양소유에게 물었다.

"상공의 병세가 지금은 어떠신지요?"

양소유가 정색하고 말했다.

"소유가 본디 병이 없었는데 요사이 풍속이 그릇되어 부녀자들이 작당하여 방자히 지아비를 속이니 이로써 병이 되었나이다."

난양공주와 진채봉이 웃음을 머금고 말을 못 하니, 정경패가 말했다.

"이번에 속인 일은 첩들이 꾸민 것이 아니니이다. 상공이 진정 병을 고치고자 하실진대 태후께 여쭈소서."

양소유가 일의 근원이 태후에게 있음을 깨닫자 참지 못하고 크게 웃으며 정경패에게 말했다.

"소유가 다음 세상에서 부인을 만나기를 빌었는데 이것이 꿈이 아닙니까?"

"이 다 태후와 임금의 성은이며 난양공주의 은혜입니다."

이어 난양공주가 부인의 위계를 정할 때 스스로를 낮추어 자기 아래에 둔 일을 말하니, 양소유가 난양공주에게 감사하며 말했다.

"공주의 큰 덕은 옛사람이라도 미치지 못할 것입니다. 소유가 보답할 길이 없으니, 오직 부디 백수해로하기를 바랄 뿐입니다."

"이 다 영양공주의 덕성에 하늘이 감동하심이니 첩이야 무슨 공이 있겠습니까."

이처럼 『구운몽』은 속임수를 모두의 웃음과 기쁨으로 이어가는 그런 소설이다. 여기에 『구운몽』의 아기자기한 맛이 있다.

어찌 보면 『구운몽』은 이야기 틀 자체가 속임수다. 육관대사가 성진에게 꿈으로써 현실을 경험하게 한 것부터 속임수이기 때문이다. 『구운몽』

의 모든 속임은 즐거운 속임이며, 『구운몽』을 읽는 재미를 배가시키는 중요한 요소다.

꿈속의 꿈, 책 속의 책

잘 알려진 것처럼 『구운몽』은 현실과 꿈, 그리고 현실과 현실 너머의 세계가 중층적 구조를 이루는 독특한 작품이다. 작품 서두의 배경으로 나오는 남악 형산은 현실 세계에 존재하는 곳이지만 또한 현실과는 다른 체계와 질서가 존재하는 곳이다. 불교 승려가 선녀나 용왕과 직접 교류하는 그런 곳이다. 오히려 그곳에 사는 승려 성진이 꾼 꿈속의 세계가 현실에 가깝다. 꿈의 세계가 가상 세계라고 생각하면, 양소유의 세계가 가상 세계이고 성진의 세계가 현실이겠지만, 공간 그 자체로 보면 성진의 세계가 가상 세계이고 양소유의 세계가 현실에 가깝다. 『구운몽』은 기본 설정부터 현실과 가상을 역전시켜놓고 있는 것이다. 더욱이 꿈속에 다시 꿈을 꾸게 하여 꿈 이전의 현실로 돌아가게 한 설정까지 두고 있다. 『구운몽』은 꿈과 현실을 넘나들며 현실을 끊임없이 반추하게 하는 구조를 가지고 있는 것이다.

『구운몽』은 꿈과 현실의 중층 구조뿐만 아니라, 선행 텍스트와 『구운몽』을 겹쳐서 이해하게 하는 중층 텍스트의 구조도 취하고 있다. 『구운몽』

에는 수많은 역대 고사의 인용이 있는데 그들 하나하나는 『구운몽』 속에 들어와 새롭게 변주되고 있다. 그 변주에 유의하면 작품을 훨씬 풍부하고 다채롭게 읽게 된다.

『구운몽』의 이러한 이중의 중층성, 곧 현실과 꿈 및 선행 텍스트와 『구운몽』의 중층성을 가장 흥미롭게 보여주는 부분이 백능파 장면이다. 토번의 침략을 막기 위해 출전한 대원수 양소유는 적병에 포위되는데, 밤에 적을 물리칠 계교를 생각하다 잠깐 존다. 그런데 꿈속에서, 용궁에서 보낸 사자使者를 만나 용궁으로 간다. 거기서 용왕의 딸 백능파를 만나 남해 용왕의 결혼 요구를 막아달라는 청을 듣고, 곧이어 남해 용왕의 아들 남해 태자와 싸워 승전한다. 백능파의 친정인 동정호 용궁에서는 이 소식을 듣고 양소유를 초청하여 성대한 잔치를 베푼다. 용궁 잔치가 끝나자 양소유는 동정호까지 간 김에 인접한 남악 형산을 구경하러 간다. 거기서 스승 육관대사를 만나는데, 양소유는 자신이 성진이던 시절의 스승도 알아보지 못하고 취한 사람처럼 예불만 하고 불전을 내려온다. 그리고 내려오다 발을 헛디며 잠에서 깬다. 잠에서 깬 양소유가 자신이 머문 백룡담 위쪽으로 가 보니 고기비늘이 가득하고 피가 냇물이 되어 흐르고 있다. 꿈속에서 남해 태자와 벌인 전쟁의 결과가 현실로 나타난 것이다. 이 소식을 들은 토번 사람들은 두려워 지레 항복한다.

이 부분은 중국 당나라의 전기소설인 「유의전柳毅傳」과 직접적으로 연관되어 있다. 「유의전」의 줄거리는 이렇다. 유의라는 선비가 과거 시험에

떨어져 귀향하는 길에 경하涇河에 이르러 양을 치는 어떤 미인을 만났는데, 미인은 동정호 용왕의 딸로 경하강 용왕의 아들과 억지로 결혼한 후 남편에게 학대당하고 시부모에게 버림을 받아 어려움을 겪고 있었다. 용녀龍女는 유의에게 친정에 편지를 전해달라고 부탁하는데 유의는 어려움을 무릅쓰고 동정호 용왕에게 편지를 전했다. 그랬더니 동정호 용왕의 동생인 전당강錢塘江 용왕이 분개하여 조카를 구하러 가서 접전 끝에 용녀를 구출한다. 용녀가 동정호 친정에 돌아온 후 용왕은 유의를 위해 큰 잔치를 베풀었다. 후에 유의는 두 번이나 결혼을 했으나 곧 아내를 잃고 마는데, 다시 결혼했더니 새 아내가 바로 용녀였다. 그후 이들은 행복하게 여생을 보낸다.

양소유가 용녀 백능파를 구한 것이나 유의가 동정호 용녀를 구한 것이나 이야기의 뼈대가 비슷하니, 『구운몽』을 읽으면서 알 만한 사람들은 자연스레 유의 이야기를 떠올리기 마련이다. 선행 텍스트와 견주어 읽는 것이다. 더욱이 『구운몽』은 유의의 일을 직접 작품에 개입시켜 더 흥미롭게 선행 텍스트를 패러디하고 있다.

남해 태자를 물리치고 동정호 용궁의 잔치에 온 양소유는 용궁의 특별한 음악을 듣자 무슨 곡인지 묻는데 용왕은 다음과 같이 대답한다.

"이 곡조는 우리 용궁에서도 옛날에는 없었습니다. 그런데 과인의 맏딸이 경하강 용왕에게 시집을 갔다가 욕을 보자, 전당강에 있는 내 아우가 가서 싸워 이겨서 데리고 왔지요. 내 이를 축하하여 전당파진악錢塘破陣樂과 귀주환궁악貴主還宮樂을 만들었습니다. 전당강 아우가 적과 싸워 이긴 것과 공주가 돌아온 것을 축하하는 뜻입니다. 이제 원수가 남해 태자를 쳐부수고 우리 부녀가 다시 만나니 이 일이 전날과 비슷합니다. 이에 내 그 곡조를 연주하게 하고 곡명을 원수파진악元帥破陣樂으로 바꾸었습니다."

양소유가 크게 기뻐하며 용왕에게 말했다.

"지금 유선생이 어디 계십니까. 만나볼 수 있을지요?"

동정호 용왕은 유의의 일을 언급하면서, 「유의전」에 나온 용녀는 장녀라고 하고, 백능파는 차녀라고 말한다. 양소유와 유의를 동서지간으로 만들어버린 것이다. 이리하여 『구운몽』은 고대 전설의 세계와 연결된다.

또한 백능파 장면은 『구운몽』의 복잡한 공간 구성을 극대화시킨 부분이기도 하다. 성진은 양소유를 꿈꾸었고 양소유는 꿈에서 백능파를 만났다. 몽중몽夢中夢, 곧 꿈속의 꿈인 셈인데, 부정의 부정은 긍정이라 꿈속의 꿈은 곧 현실 공간과 연결된다. 하지만 연관될 법한 것이라고 해서 바로 쉽게 제시되지는 않는다. 동정호 용궁에서의 잔치가 끝나고 양소유가 남악 형산 구경을 떠나면서 그제야 현실과의 접점이 보인다. 육관대사를 만나는 것이다. 그것도 단번에 육관대사라고 하지 않고, '눈썹이 길고 눈이 푸르고 골격이 청수하여 세상 사람과 다른 노승'이라고만 한다. 육관대사로 받아들일 수 있는 정도로만 말하는 것이다. 성진의 꿈속 인물인 양소유가 다시 꿈을 꾸어 이전 세계의 스승을 만나는 찰나이다. 독자들은 이어질 대화에 관심을 두지 않을 수 없다.

노승이 자기 절 중 모두를 거느리고 당에서 내려와 양소유를 맞으며 말했다.

"산속 사람이 귀와 눈이 없어서 대원수 오시는 줄을 알지 못하고 멀리 나가 맞지 못하였으니 죄를 용서하소서. 원수가 이번은 돌아올 때 아니나, 이미 왔으니 불전에 올라가 예불을 하소서."

이에 양소유가 분향 예불을 하고 전에서 내려오는데, 문득 발을 헛디뎌 엎어지며 놀라 깨니라. 깨 보니 몸이 진중 의자 위에 있고 날은 벌써 밝았더라.

육관대사가 양소유에게 알은척을 하지는 않아도, 독자들은 그가 육관대사임을 알 수 있다. 도대체 꿈과 현실이 어떻게 얽이고 있는지, 그리고 그 공간은 어떻게 구성되어 있는지, 마치 환상 영화의 구도를 보듯 혼란스럽다. 양소유의 세계에서 성진의 세계는 이 장면처럼 꿈을 통해 만날 수도 있고, 마지막에 육관대사가 양소유를 만나러 오는 것처럼 직접 개입할 수도 있다. 꿈속에서 죽은 물고기 병사들의 몸에서 떨어져나간 비늘과 흘린 피가 꿈 깬 후 현실에 나타나고, 또 용궁의 백능파가 양소유에게 찾아와 첩이 되기도 한다. 도대체 어떤 것이 꿈인지, 어떤 것이 현실인지, 어떤 것이 꿈속의 꿈인지, 도무지 꿈과 현실을 나누려는 시도는 애초부터 잘못인 듯하다. 작품 마지막 부분에서 꿈과 현실을 자꾸 나누려는 성진을 꾸짖는 육관대사의 말은 여기서 가장 적실하게 적용될 수 있다. "인간 세상과 꿈이 다르다고 하니, 이것이 바로 네가 아직 꿈에서 깨지 못했음을 보여주는 것이라."

『구운몽』의 다층적 배경 설정과 중층 텍스트 구조는 작품을 찬찬히 뜯어가며 읽게 한다. 이런 요소들이 『구운몽』의 작품 세계를 더욱 풍요롭게 하고, 또 탄탄한 서사적 구성을 보이며 수준 높은 독자들을 유인한다.

성찰적 사상

『구운몽』은 조선시대 소설로는 드물게 강한 사상적 색채를 띠고 있어서 연구 초기부터 사상소설로 주목을 받았다. 지금도 연구자들 중에는 『구운몽』의 고전적 가치를 사상적 부분에서 찾는 사람이 적지 않다.

사상적 부분은 특히 작품 끝부분에 두드러져 있는데, 성진이 잠에서 깨어나 육관대사와 대화하는 장면이 대표적이다. 성진은 잠에서 깨어나 자신의 잘못을 뉘우치고 눈물을 흘리며 다음과 같이 말한다.

이제 깨달았나이다. 제가 불초하여 그른 생각을 가져 죄를 지으니, 마땅히 윤회하여 인간 세상의 고통을 맛보아야 할 것이거늘, 사부께서 자비하시어 하룻밤 꿈으로 깨닫게 하시니, 그 은혜는 천만겁이 지나도 갚기 어려울 것입니다.

그런데 육관대사는 성진의 반성을 듣고도 아직도 깨우치지 못했다며 질책한다.

네 스스로 흥이 나서 갔다가 이제 흥이 다해 왔으니, 내 거기에 무슨 간여함이 있었겠느냐. 네 또 '인간 세상의 고통을 겪어야 할 것인데, 꿈으로 대신하게 했다'고 하는데, 이는 인간 세상과 꿈이 다르다고 한 것 아니냐. 이것이 바로 네가 아직 꿈에서 깨지 못했음을 보여주는 것이라. 장자가 꿈에 나비가 되었는데, 나중에는 나비가 혹 장자가 된 것 아닌가 하는 생각에 미쳤으니, 장자가 진짜인지 나비가 진짜인지 알 수 없었느니라. 성진과 양소유는 어느 쪽이 진짜이겠느냐.

성진은 속세에 대한 자신의 헛된 생각을 사부가 꿈으로 대신 겪게 하여 깨우치게 했다고 믿었는데, 육관대사는 그 생각이 잘못이라고 한다. 꿈과 현실이 다르지 않은데, 그것을 굳이 분별하는 것부터 잘못이라는 것이다. 그리고 인간 세상에서 겪을 고통을 꿈으로 대신 겪게 한 것이 아니라, 그저 성진 스스로 원하는 바를 한 것뿐이라고 한다. 육관대사는 작품의 맨 앞에서도 성진을 불문佛門에서 내쫓을 때, "네 스스로 가고자 하니 가라 한 것이라. 네 만일 머물고자 한다면 누가 가라 하겠느냐'라며 같은 뜻의 말을 한 바 있다.

　『구운몽』은 이 정도의 내용으로 그 사상적 극점을 보여주고 있는데, 이런 요소들을 가지고 작품의 사상적 배경을 유불도儒佛道 삼교의 혼합이니, 불교 중심이니, 불교 중에서도 『금강경金剛經』의 공사상空思想이니 했다. 가장 구체적인 지적은 『금강경』과 관련된다는 것인데, 이는 작품 내에서 육관대사가 성진에게 『금강경』을 가르쳤다고 한 데 크게 기대고 있다. 그러나 조동일 선생은 이미 『구운몽』의 사상적 배경을 『금강경』에 한정짓기 어렵다고 주장한 바 있다.[14] 『금강경』 사상의 요체는 '①상相이 있는 것은 모두 허망하다. ②불법 또한 허망하다. ③허망하다고 잠자코 있지 말고 어디 한 곳에 머무르는 데 없이 생각하라'의 셋으로 요약될 수 있는데, 『구운몽』은 불교라면 어느 경전, 어느 종파에서나 한결같이 주장하는 ①정도의 사상에 머무르고 말았다는 것이다. 실제로 성진은 『금강경』 사상을 실행하지도 않았고, 또 그 사상이 작품에 구체적으로 나타나 있지도 않다고 했다. 요컨대 조동일 선생의 주장은 『구운몽』이 『금강경』의 사상에 미치지 못한다는 것이다. 정도의 문제이긴 하겠지만, 앞에서 거론한 백능파 장면을 보면 현실과 꿈의 경계조차 허물고 있는데, 이런 부분들에서는 『구운몽』이 『금강경』 사상의 ②와 ③까지 나아간 것으로 볼 수 있지 않나 하는 생각도 든다. 다만 그렇다고 해도 『구운몽』의 사상이 『금강경』을 온전히 구현했는지는 확언할 수 없다.

이런 상황에서 『구운몽』의 사상적 배경에 대해 불교의 밀교密教, 특히 만다라의 사상에 주목한 연구가 있어서 관심을 끈다. 이 견해를 처음 제기한 학자는 일본인 소메야 토모유키染谷智幸 교수다.[15] 그는 김만중과 동시대를 산 일본의 저명한 소설가 이하라 사이카쿠井原西鶴 연구자이다. 사이카쿠는 『호색일대남好色一代男』이라는 소설을 썼는데, 『구운몽』과 마찬가지로 당대 일본 최고의 베스트셀러였고, 또 한 남자의 여성 편력을 그리고 있다. 『호색일대남』의 주인공 요노스케世之介는 양소유보다 훨씬 많은, 수천 명의 여성을 상대한 것으로 나온다. 소메야 교수는 이 작품을 연구하면서 동아시아의 유사 작품으로 『구운몽』에 관심을 갖게 되었고, 『구운몽』의 사상적 배경으로 밀교에 주목했다.

소메야 교수는 밀교의 불화佛畵인 만다라 가운데서도 특히 〈금강계만다라金剛界曼茶羅〉를 지목했다. 만다라에는 〈태장계만다라胎藏界曼茶羅〉도 있으며, 만다라와 비슷한 구도를 지닌 것으로 〈아미타팔대보살도阿彌陀八大菩薩圖〉도 있다. 하필 〈금강계만다라〉를 지목한 것은 『구운몽』에서 언급한 『금강경』이 어쩌면 〈금강계만다라〉가 의거하는 경전인 『금강정경金剛頂經』일지도 모른다고 생각했기 때문이다. 〈금강계만다라〉는 아주 다양한 형상으로 남아 있지만, 한가운데 부처 한 명이 있고 주위를 여덟 보살이 둘러싼 구도로 된 것들이 적지 않다. 경주 석굴암에 본존불이 가운데 있고 주위에 보살들이 둘러앉은 구도를 떠올리면 쉽게 이해될 것이다. 물론 석굴암에 둘러앉은 보살은 10위位라서 숫자는 맞지 않다. 하지만 최근 석굴암의 구도를 만다라의 다양한 형상 가운데 하나로 이해하는 연구들이 나오고 있다. 이런 만다라의 기본 구도만으로도 성진과 팔선녀의 관계와 유사함을 쉽게 짐작할 수 있지만, 〈금강계만다라〉에는 『구운몽』과 좀더 가까운 요소들이 있다. 소메야 교수는 〈금강계만다라〉에서 여덟 천녀天女가 부처를 공양하는 것이 팔선녀의 성립에 영향을 주었을 가능성이 있다고 하면서, 무엇보다 〈금강계만다라〉는 인간의 관능적 애욕愛慾을 긍정하면서 깨달음에 이르게 하는데 그 깨달음의 방법이 『구운몽』과 일치한다고 했다.

다만 김만중이 과연 밀교와 만다라를 알고 또 그것을 의식하며 『구운몽』을 썼겠느냐 하는 것이 문제인데, 소메야 교수는 한국에서는 〈금강계만다라〉와 〈태장계만다라〉가 발견되지 않는다는 선행 연구를 인용하면서 자기 가설에 대해 유보적 입장을 취했다. 하지만 최근 부쩍 쏟아져 나오는 부처 복장腹藏, 불상을 만들 때 속에 보화나 서책 따위를 넣음 유물 등을 보면 소메야 교수의 염려는 어느 정도 불식될 수 있을 듯하다. 고려와 조선에서 많은 밀교계 진언서眞言書가 간행되었으며, 비록 부처나 보살의 모습을 그린 존상尊像만다라는 찾지 못했지만 문자나 상징으로 대신한 수많은 〈금강계만다라〉의 도상이 있었음이 속속 밝혀지고 있기 때문이다.[16]

이처럼 『구운몽』은 밀교의 만다라 사상과 더 잘 맞아떨어지는 듯하지만, 명심할 점은 밀교가 사상적 배경이라고 해서 작품의 가치가 높아지는 것은 아니라는 사실이다. 사상이 작품 세계를 좀더 풍부하게 만들 수는 있지만, 소설에 과중한 사상적 가치를 부여하는 것은 오히려 소설에 장애가 될 수 있다. 『구운몽』은 사상서가 아니다. 사상서로 읽으면 오히려 소설로 읽히지 못한다. 서두와 결말 부분에 액자의 테두리처럼 조금 나오는 연화봉 도량 장면에 주목하여 작품의 사상적 가치를 높이려고 하기보다는, 오히려 작품의 대부분을 차지하는 양소유의 일생을 중심에 놓고 작품을 읽는 것이 올바른 독법이다.

〈구운몽도〉 병풍을 한번 펼쳐보아도 알 수 있듯이, 『구운몽』의 중심은 낭만적 사랑이다. 고전으로서 『구운몽』의 위대한 점은 그 불교적 인생철학이 아니라 삶이 아름다울 수 있는 이유를 낭만적으로 보여준 데 있다. 종반부에 있는 육관대사의 의미심장한 불교적 계명은 낭만적 삶을 다시 진지하게 성찰하게 함으로써 소설의 품격을 한층 더 높였다는 의미가 있을 뿐이다.

5

〈구운몽도〉,
낭만과
조화의 세계

사실주의적 관점에서 보면 『구운몽』은 현실의 고통을 잊게 하는 마약과 같다. 현실적 각성을 막는 방해물일 뿐이다. 옳은 말이다. 하지만 사람들을 언제나 지옥 같은 처참한 현실에만 맞닥뜨리게 할 수는 없다. 척박하고 엄혹한 현실을 몰라서가 아니라 눈만 뜨면 마주해야 하는 고통스런 현실을 잠시나마 잊기 위해서라도 이 작품은 필요하다. 김만중도 그랬고, 김만중의 어머니 윤부인도 그러했으며, 영조 또한 마찬가지였을 것이다. 『구운몽』은 살벌하고 메마른 현실을 살짝 빠져나오게 하는 탈출구였던 것이다.

〈구운몽도〉는 다른 민화와 마찬가지로 다양한 취향과 수준을 보여준다. 경기대학교박물관에 소장된 것은 세련되고 고급스런 중국풍을 취하고 있고, 계명대학교박물관에 소장된 병풍들은 상대적으로 소박하고 정겨운 한국풍을 취하고 있다. 그리고 한국자수박물관의 자수 병풍은 고급스러우면서도 따뜻한 느낌을 준다. 〈구운몽도〉 가운데 어떤 작품도 다른 작품을 그대로 모사한 것은 없다. 모두 나름의 개성을 보여주고 있는 것이다.

〈구운몽도〉 중에는 그림 솜씨가 보잘것없이 여겨지는 작품도 있는데, 그렇다고 해서 그 정감까지 떨어지지는 않는다. 『구운몽』의 돌다리 장면을 그린 그림도44을 보면 동화적인 정취를 물씬 풍긴다. 민화에서 영감을 받아 '바보 산수'를 창안한 운보 김기창 화백은 "미술의 궁극적 목표는 동심의 세계"라고 했다. 그리고 이미 그 경지에 이른 작품으로 다음 그림도44과 흡사한 〈구운몽도〉 돌다리 장면을 꼽은 바 있다.[17]

이 그림은 배경을 과감히 생략하여 주제를 더욱 명료히 드러내고 있다. 돌다리 장면이라 하여 다리 위에 돌을 우둘투둘 깔아놓았지만, 교각마저 돌로 표현할 생각은 하지 못했다. 화가가 늘 보던 다리가 허술한 나무다리이니 이 다리도 어울리지 않게 교각은 나무로 받쳐두었다. 보는 사람으로

하여금 절로 미소 짓게 한다. 또 팔선녀라고 그린 여자들은 모두 시골 아낙이다. 풍성한 치마에 짧은 저고리를 그린 것으로 보아 어쩌면 자기 고을의 못난이 기생들을 염두에 두었는지도 모르겠다. 팔선녀는, 육관대사를 만나고 왔음을 보여주기 위해, 손에 불교적 상징인 연꽃과 연잎을, 그것도 우스꽝스럽게 큰 것을 들고 있다. 한껏 차려입었지만 여전히 기생도 불제자도 아닌 화전놀이를 하러 계곡을 찾아가는 아낙네들처럼 보인다. 상단의 활짝 핀 복숭아꽃이 시절이 봄임을 말해준다. 또 그 꽃이 성진과 팔선녀의 인연이 이루어질 것임을 암시한다. 이 그림은 낮은 화격에도 불구하고 사랑스런 정감을 자아낸다.

〈구운몽도〉의 개성은 자유로움이다. 어디에 얽매이지 않는 활달함과 분방함이 〈구운몽도〉의 정신이며, 『구운몽』의 정신이기도 하다. 『구운몽』에서는 누구도 억지로, 강제로 일을 이루는 법이 없다. 양소유는 자기가 하고 싶은 대로 하는 인물이고 팔선녀도 그렇다. 진채봉과 백능파만이 일시적으로 억압을 경험하지만 결국 모두 속박에서 해방된다. 임금이 억지로 양소유를 결혼시키려고 하지만 양소유의 자유의지마저 꺾지는 못한다. 『구운몽』에서 강제란 불가능을 의미한다. 2처 6첩의 여덟 부인을 둔 것에서 제도적 속박을 떠올리겠지만, 불합리한 제도에도 불구하고 누구도 구속감을 느끼지 않는다. 그것이 육관대사의 뜻이며 동시에 『구운몽』의 주제다. 『구운몽』은 자유와 해방의 세계다.

자유와 해방의 공간에는 낭만과 사랑이 있다. 낭만과 사랑은 다양한 예

술과 연결되어 있다. 시는 물론이고 거문고, 퉁소, 피리로 연주한 음악, 그림, 자수와 같은 시각예술 등 생각할 수 있는 모든 예술 장르가 활용되고 있다. 여기에 신선 취향과 몽상적 세계는 낭만성을 더욱 높인다. 퉁소를 부니 청학이 날아들고, 꿈속에서 다시 꿈으로 들어가는 등의 신비와 환상은 이쪽 세계의 낭만이 저쪽 세계의 낭만과 연결됨을 보여준다. 〈구운몽도〉의 낭만성은 정경패 장면의 악기 연주, 난양공주 장면에서 청학이 날아와 춤추는 모습, 자객 심요연이 구름을 타고 내려오는 장면, 백능파 장면의 수중 전쟁, 낙유원에서 춤과 무예를 겨루는 장면 등에서 대표적으로 구현된다. 이 모든 낭만성이 〈구운몽도〉를 지배하고 있는 것이다.

이런 철저한 낭만성은 아주 현실적인 국면조차 낭만적으로 만들어버린다. 살인과 전쟁 등 죽음과 연관된 부분이 그렇다. 심요연이 칼을 들고 양소유에게 오는 장면을 보면 전혀 살기를 느낄 수 없다. 오히려 새로운 만남의 기대로 충만해 있다. 살인의 공포보다는 흥미롭고 환상적인 쇼로만 보일 뿐이다. 마찬가지로 백능파 장면의 수중 전쟁도 전쟁의 잔혹과 공포보다는 이계異界에 대한 신비로움과 축제적 즐거움만 나타나 있다. 〈구운몽도〉는 죽음조차 낭만적으로 그린 낭만주의의 극치를 보여준다.

『구운몽』을 현실적인 맥락에서 읽으면, 양소유는 열 살 남짓한 어린 나이에 아버지를 잃었고, 처음 만난 여자 진채봉의 아버지는 난리 통에 역적이 내린 벼슬을 받았다 하여 벌을 받다 죽은 비극적 장면이 보인다. 또 진채봉은 귀한 집안에서 태어났으나 아버지와 연좌되어 궁중의 천인으로 전락하고 말았다. 양소유 또한 태후와 임금이 부마로 삼으려다 여의치 않자 감옥에 보내져 억울한 옥살이를 한다. 이처럼 『구운몽』에서도 얼마든지 비극적인 국면을 추려낼 수 있지만, 『구운몽』에서 이 장면들은 그저 더 큰 행복을 위한 과정으로만 여겨질 뿐이다. 그것이 『구운몽』의 낭만성이다.

『구운몽』이 그리는 낭만의 세계는 하늘과 자연과 인간이 잘 어우러지고, 남자와 여자가 함께 누리며, 제왕부터 천인까지 자신이 원하는 바를 모두 자유롭게 행하는, 현실의 귀천과 빈부에도 불구하고 인간들끼리 아무 간극도 없이 사는 조화의 세계와 연결된다. 세로가 긴 직사각형의 전형적 〈구운몽도〉에는, 상단에는 하늘과 구름과 산이, 중단에는 나무와 집과 인간이, 그리고 하단에는 물이 흐른다. 상단의 환상적 신선 세계와 중단의 우아한 풍류 세계, 그리고 하단의 청담淸淡한 자연 세계가 조화를 이루며 최상의 이상 공간이 표현되고 있는 것이다.

물론 『구운몽』이 그린 세계는 작가 김만중이 살았던 현실의 모습과는 전혀 동떨어진 것이다. 김만중은 유배의 고통을 견디며 이 작품을 썼다. 평안도 선천의 벽지에서 언제 사약을 받을지 모르는 불안한 상황이었다. 그런 가운데 불안과 공포를 잊기 위해 『구운몽』을 썼던 것이다. 세상에 알려지기로는 유배지에서 오히려 어머니를 위로하기 위해서 썼다고 한다. 자기가 겪는 어려움을, 어머니는 더욱 심하게 겪을 것을 염려하여 썼다는 말이다. 참 효자다. 김만중의 정치적 반대파조차도 그의 효성은 인정할 정도이니 충분히 그럴 수 있을 것이다. 그것도 하룻밤 만에 썼다고 전한다. 정조 임금조차 그렇게 알고 있었다. 그만큼 절실했는지도 모른다. 김만중은 병자호란 중에 피란 가는 배 위에서 태어났고, 피가 튀도록 매를 맞고 유배 가며 목이 잘리는 조정의 쟁투 한가운데 있었다. 서로 목숨을 건 싸움을 벌이는 살벌한 현실을 모를 리 없는 김만중이 이런 사랑과 낭만, 해방과 조화의 세계를 그린 것이다.

사실주의적 관점에서 보면 『구운몽』은 현실의 고통을 잊게 하는 마약과 같다. 현실적 각성을 막는 방해물일 뿐이다. 옳은 말이다. 하지만 사람들을 언제나 지옥 같은 처참한 현실에만 맞닥뜨리게 할 수는 없다. 척박하고 엄혹한 현실을 몰라서가 아니라 눈만 뜨면 마주해야 하는 고통스런 현실을 잠시나마 잊기 위해서라도 이 작품은 필요하다. 김만중도 그렇고, 김만중의 어머니 윤부인도 그러했으며, 영조 또한 마찬가지였을 것이다. 『구운몽』은 살벌하고 메마른 현실을 살짝 빠져나오게 하는 탈출구였던 것이다.

『구운몽』과 〈구운몽도〉는 엄격한 도덕률에 눌린 조선인들에게 행복 교과서였다. 그것이 보여주는 환상, 개성, 자유, 조화는 문학예술이 현실에 지친 세상 사람들에게 나눠줄 수 있는 위로였다. 그 낙관성이 어른들을 동화의 세계로 이끌어갔고, 지상에 구현된 천국으로 안내했다.

나 또한 안방에다 10첩의 〈구운몽도〉 병풍을 치고 동화와 안식의 세계에서 쉬고 싶다.

1 려증동, 「외설소설 구운몽 연구」, 『배달말교육』 18, 배달말교육학회, 1997.

2 정병설, 『나는 기생이다』, 문학동네, 2007, 33쪽.

3 〈한국문화의 원류를 찾아서—민화〉, MBC, 1988년 방송.

4 『구운몽』은 환상소설인지라 역사적 배경과 시간적 흐름이 명확하지도 않다. 진채봉을 만날 때 구사량(仇士良)의 난이 났다고 했고, 또 양소유의 토번 정벌 등이 있는 것으로 보아, 대략 840년대가 중심적인 역사적 배경임을 알 수 있다.

5 정병모, 「조선말기 불화와 민화의 관계」, 『강좌미술사』 20, 한국불교미술사학회, 2003 참조. 〈까치호랑이도〉〈상산사호도〉는 물론 〈서유기도〉〈토끼전도〉까지 사찰 벽에 그려져 있다고 한다.

6 윤열수의 논문 「문자도를 통해 본 민화의 지역적 특성과 작가 연구」(동국대학교 박사논문, 2006) 등에서 작가 연구가 약간씩 시도되고 있으나, 거의 근대 이후의 화가들이다.

7 박재연, 「조선각본 신간고본대자음석삼국지전통속연의(新刊古本大字音釋三國志傳通俗演義)에 대하여」, 『중국어문학지』 27, 중국어문학회, 2008.

8 김호연 선생의 『한국민화』에 실린 부산 허만하 시인 소장품과 대구 김준기 소장품은 그 제작 시기가 각각 18세기 후기와 17세기 후기로 적혀 있다. 사진으로 봐도 상당한 고조(古調)가 느껴지는 작품들이다.

9 유득공, 「맹영광백동도가孟永光百童圖歌」, 『영재집泠齋集』.

10 국립고궁박물관 발행 도록인 『궁궐의 장식그림』(2009)에서 〈구추봉도〉 등 궁중의 장식그림을 볼 수 있다. 기타 그림은 동박물관 인터넷 홈페이지에서 볼 수 있다.

11 흔히 대조전에 용마루를 두지 않은 것은 그곳이 용자(龍子), 곧 임금을 낳는 곳이기에 지붕에 따로 용을 얹지 않았다고 보고 있다. 지붕의 용이 용자 탄생의 기운을 누르지 못하게 한 것이다. 그런데 김용숙 선생은 『조선조궁중풍속연구』에서 임금이 머무는 곳이라 하늘 아래 거칠 것이 없는 임금의 위치를 나타내기 위해 그렇게 했다고 했다. 중국에도 임금의 별장인 이화원 등에 용마루가 없는 전각이 있다.

12 정병설, 『나는 기생이다』, 문학동네, 2007의 제2부 제1장 「기생집에서 노는 법」에서 그 격식을 자세히 소개하였다.

13 필자는 박사논문 『완월회맹연 연구』(태학사, 1998) 제3장에서 조선시대 소설이 보여주는 예법에 대한 지대한 관심을 '거가잡례(居家雜禮)', '예식(禮式)', '예론(禮論)', '변례(變禮)'의 네 층위로 나누어 설명한 바 있다.

14 조동일, 「구운몽과 금강경, 무엇이 문제인가」, 『김만중 연구』(정규복 해설, 김열규·신동욱 편), 새문사, 1983 참조.

15 소메야 토모유키(染谷知幸), 「동아시아 고소설과 불교」, 『고소설연구』18, 한국고소설학회, 2004 참조. 이 글의 원문은 染谷智幸, 『西鶴小說論』, 東京: 翰林書房, 2005에 실려 있다.

16 남권희, 「한국 기록문화에 나타난 진언의 유통」, 『밀교학보』7, 위덕대학교 밀교문화연구원, 2005.

　김영덕, 「밀교의 한국적 수용의 일례―삼십칠존을 중심으로」, 『밀교학보』3, 위덕대학교 밀교문화연구원, 2001.

　허일범, 『한국밀교의 상징세계』, 해인행, 2008 참조. 밀교와 만다라의 사상과 도상은 매우 복잡하며, 한국 밀교에 대해서는 아직 연구가 많지 않다. 『구운몽』과 만다라의 관련은 심도 있는 밀교 연구가 이루어진 다음에나 가능할 것으로 생각된다.

17 김호연, 「겨레그림의 세계」, 『한국민화걸작집』(정찬우 편저), 열화당, 1976, 132쪽 참조.

『구운몽』의 줄거리

남악 형산의 불제자인 성진은 육관대사의 명을 받고 용궁에 심부름을 다녀오다가 선녀 위부인의 제자인 여덟 선녀를 **돌다리**(이하 굵은 글씨는 〈구운몽도〉의 주요 장면을 표시한 것이다)에서 만나 서로 희롱한다. 이후 성진은 팔선녀 생각에 수도에 정진하지 못하자 스승에게 벌을 받는데, 벌은 인간 세상에 태어나는 것이다.

중국 당나라에서 태어난 양소유는 장성하자 바로 과거 시험을 보기 위해 서울로 향하는데, 길에서 **진채봉**을 만나 버들 노래를 주고받으며 혼인을 약속하고, 또 기생 **계섬월**의 사랑을 받아들이며, 서울에 가서는 **정경패**와 혼약을 정한다. 진채봉은 그사이 전란으로 행방불명 상태였기 때문에 아무런 도덕적 부담도 없었다. 정경패에게는 자매와 같은 여종 **가춘운**이 있었는데 정경패와 가춘운은 떨어질 수 없다고 하여 함께 양소유를 섬기기로 한다. 계섬월은 미모와 재주가 자기와 쌍벽을 이루는 친구인 기생 **적경홍**을 양소유에게 추천하고, 양소유는 과거에 장원으로 급제해 조정에 들어가서 황제의 강청으로 **난양공주**를 아내로 맞게 된다. 외적을 물리치러 전쟁에 나갔더니 자객 **심요연**이 첩이 되기 위해 구름을 타고 날아오고, 동해 용왕의 딸 **백능파**를 구해주며 용녀龍女까지 첩으로 얻는다. 이리하여 인간 세상에서 이전의 세계에서 만난 여덟 선녀를 모두 얻게 되는데, 양소유는 여덟 여인과 함께 최고의 부귀영화를 누린다.

노년에 이른 양소유는 지나간 일을 돌아보며 아무리 부귀해도 그 모두가 물거품임을 깨닫고 불교에 귀의하기로 결심한다. 이 순간 어떤 고승 한 명이 찾아오는데, 이때 성진은 꿈에서 깬다. 꿈에서 깬 성진은 큰 깨달음을 얻는데, 팔선녀 역시 같은 깨달음을 얻어서 모두 육관대사의 제자가 되어 불도에 정진한다.

부록 2 〈구운몽도〉 소장 현황

	소장처	형태	재료	크기(cm)	출처	내용	비고
1	계명대학교박물관 (1)	6첩병풍	종이채색	31×51	『민화』(계명대)	낙유원, 진채봉, 심요연, 돌다리, 백능파, 화기(畵記)	박물관 유물번호: 1791 도록에는 부분 수록
2	계명대학교 박물관 (2)	8첩병풍	종이채색	37×64	『민화』(계명대)	돌다리, 진채봉, 계섬월, 정경패, 난양공주, 심요연, 낙유원, 가춘운	박물관 유물번호: 1520 도록에는 부분 수록
3	계명대학교박물관 (3)	10첩병풍	비단채색	26×89	『민화』(계명대)	정경패, 계섬월, 진채봉, 난양공주, 돌다리, 가춘운, 염왕 심판, 낙유원, 각몽, 심요연	박물관 유물번호: 1519 의천(義川)이라는 작가의 호와 인장이 있다. 도록에는 부분 수록
4	경기대학교박물관	8첩병풍	비단채색	37×120	『한국민화도록』	돌다리, 칠보시, 진채봉, 적경홍, 정경패, 가춘운, 심요연, 불도귀의	
5	한국자수박물관 (1)	10첩병풍	자수채색	37×167	『이렇게 좋은 자수』	가춘운, 진채봉, 계섬월, 대취부축, 돌다리, 난양공주, 각몽, 벌주, 낙유원, 심요연	
6	한국자수박물관 (2)	10첩병풍	자수채색	34×140	『한국의 병풍』	성진, 돌다리, 심요연, 정경패, 계섬월, 차 끓이기, 염왕 심판, 가춘운, 진채봉	
7	한국자수박물관 (3)	10첩병풍	자수채색		2005년 11월 전시품목	계섬월, 진채봉	고사인물도 혼합 병풍 구운몽 관련은 2첩
8	미국 샌프란시스코 아시아예술박물관	8첩병풍	채색			돌다리, 진채봉, 계섬월, 정경패, 가춘운, 심요연, 낙유원, 각몽	이재(怡齋)라는 호와 그것을 새긴 인장이 찍혀 있다.
9	가회박물관	8첩병풍	비단채색	42.8×104	『익살과 재치』	돌다리, 적경홍, 백능파, 계섬월, 가춘운, 진채봉, 심요연, 정경패	
10	조선민화박물관 (1)	8첩병풍	채색		『민화 II』	돌다리, 정경패, 진채봉, 각몽, 계섬월, 낙유원, 백능파, 심요연	책에는 6첩만 수록.
11	조선민화박물관 (2)	병풍 (첩수미상)	채색		『우리민화 이야기』	정경패, 계섬월, 난양공주, 가춘운, 낙유원, 심요연	도록에 6첩 수록
12	국립민속박물관	8첩병풍	종이채색		『민화와 장식병풍』	돌다리, 진채봉, 계섬월, 정경패, 가춘운, 낙유원	
13	미상	8첩병풍		35.5×97	『소리, 만남, 생각 그리고 추억』	정경패, 가춘운, 진채봉, 심요연, 돌다리, 낙유원, 난양공주, 계섬월	
14	개인소장	8첩병풍	종이채색	46×86	『서울옥션 2006년 출품도록』	돌다리, 진채봉, 계섬월, 정경패, 가춘운, 심요연, 난양공주, 낙유원	6,800만 원에 낙찰되었다고 한다. 그 다음에도 서울옥션에 〈구운몽도〉 병풍이 한 좌 더 나왔는데 유찰되었다고 한다.
15	송암미술관	8첩병풍	채색		인터넷 확인	돌다리, 진채봉, 낙유원, 각몽 등	
16	국립중앙박물관	8첩병풍	채색		2009년 9월 30일 전시	돌다리, 진채봉, 계섬월, 심요연, 낙유원, 각몽, 난양공주	심요연 그림에 낙관 있음

	소장처	형태	재료	크기(cm)	출처	내용	비고
17	한국고미술협회	4첩병풍	채색		2006년 7월 한국고미술협회 전시품(서울시 종로구 경운동 수운회관 1층)		
18	인사동화랑	4첩병풍	채색				혼합 병풍
19	미상	10첩병풍	채색		『민화』(대원사)	심요연, 진채봉, 계섬월, 난양공주, 각몽, 정경패, 낙유원, 백능파	책에는 8첩만 수록
20	미상	8첩병풍	채색	34×68	『조선시대의 민화』(1)	태후에게 알현하는 정경패, 낙유원, 계섬월, 양소유와 팔선녀의 담소, 가춘운, 심요연, 진채봉, 돌다리	
21	미상	8첩병풍	채색	36×117	『조선시대의 민화』(2)	돌다리, 계섬월, 심요연	〈호렵도〉 등이 있는 혼합 병풍
22	미상	8첩병풍	채색	31.5×69	『조선시대의 민화』(3)	돌다리	〈삼국지도〉(춘향전도) 등 혼합 병풍
23	미상	8첩병풍	채색	38×70	『조선시대의 민화』(4)	각몽	혼합 병풍
24	미상	6첩병풍	채색	35×83	『조선시대의 민화』(5)	돌다리	혼합 병풍
25	미상		채색	33×81.5	『조선시대의 민화』(6)	돌다리	
26	온양민속박물관		종이 채색	36×117	『민화』(온양민속박물관)	진채봉	
27	프랑스 국립기메동양박물관		채색	51×93	『프랑스 국립기메동양박물관 소장 한국문화재』	돌다리	
28	일본 시즈오카 시립세리자와케이스케미술관		채색		『반갑대 우리민화』	2점, 소재 및 근거 미상	
29	전주역사박물관		채색		소장품도록	돌다리	
30	전주역사박물관		채색		소장품도록	근거 미상	
31	부산 개인		비단 채색		『민화』(중앙일보사)	용궁 잔치, 적경홍	화풍으로 보아 31, 32는 같은 화가의 그림이다. 소장자에게 확인 결과 같은 것으로 총 4첩이며 부산에서 구입했다고 한다. 서울에 온 것으로 믿고 있다. 도록에서는 18세기 후기에 제작된 것으로 추정했으나 특별한 근거는 없다고 한다.
32	부산 허만하		채색	39.3×89.3	『한국민화』	백능파, 심요연	
33	대구 김준기		채색	38×63	『한국민화』	계섬월	화제(畫題): 酒樓逢蟾月
34	미상		채색		『민화II』	돌다리	
35	미상		채색		『민화 이야기』	돌다리	
36	미상		채색		『한국민화 걸작집』	돌다리	
37	소설 삽화	총 16장	묵서		『구운몽The Cloud Dream of the Nine』	돌다리, 정경패, 가춘운, 적경홍, 난양공주, 백능파	
38	소설 표지		채색		『한국의 딱지본』	돌다리	1917년 박문서관 간행

참고문헌

민화 도록 및 연구서

조자용 해설, 『한국 민화의 멋』, 엔싸이클로피디어 브리태니커(코리아), 1972

伊丹潤 編, 『李朝民畵』, 東京: 講談社, 1975

김호연, 『한국의 민화』, 열화당, 1976

정찬우 편저, 『한국민화걸작집』, 열화당, 1976

김호연, 『한국민화』, 강미문화사, 1977

이우환, 『이조의 민화』, 열화당, 1977

김철순 감수, 『민화』, 중앙일보사, 1978

허동화, 『韓國의古刺繡』, 한국문화원개원기념특별전 도록, 1979

온양민속박물관, 『민화』, 1981

志和池昭一郎, 龜倉雄策 編, 『李朝の民畵』(上, 下), 東京: 講談社, 1982

삼성미술문화재단, 『민화걸작전』, 1983

조자용·김철순, 『조선시대민화』, 예경산업사, 1989(志和池昭一郎, 龜倉雄策 編, 위
  의 책과 같은 도판)

롯데월드민속관, 『민화특선전』, 1989

김철순, 『한국민화론고』, 예경, 1991

조자용, 『민화』, 웅진출판사, 1992

김영학, 『민화』, 대원사, 1993

윤열수, 『민화이야기』, 디자인하우스, 1995

소재영, 『한국의 딱지본』, 범우사, 1996

허동화, 『(우리가 정말 알아야 할) 우리규방문화』, 현암사, 1997

이영수, 『조선시대의 민화』, 예원, 1998(『민화대전집』 전6책, 한일출판사, 2002와 동일)

호암미술관 편, 『꿈과 사랑—매혹의 우리 민화』, 삼성미술문화재단, 1998

국립문화재연구소, 『프랑스 국립기메동양박물관 소장 한국문화재』, 1999

백선문화사 편, 『민화백선』, 백선문화사, 1999

윤열수, 『민화』, 예경, 2000

경기대학교박물관, 『한국민화도록』, 2000

허동화, 『이렇게 좋은 자수』, 한국자수박물관출판부, 2001

선문대학교박물관, 『(선문대학교박물관) 명품도록3: 민화(회화편)』, 2003
조선민화박물관, 『우리민화이야기』, 2004
경기도박물관, 『익살과 재치—꿈꾸는 우리민화』, 2004
계명대학교박물관, 『(계명대학교박물관소장) 민화』, 2004
서울역사박물관, 『반갑다! 우리민화』, 2005
국립민속박물관, 『민화와 장식병풍』, 2005
전주역사박물관, 『전주역사박물관 소장유물도록』, 2005
한국고미술협회, 『2006 한국고미술대전 도록』, 2006
임재완 역주, 삼성미술관 Leeum 고미술 학예연구실 편집, 『삼성미술관 Leeum 소
　　장 고서화 제발 해설집』, 삼성문화재단, 2006
국립국악원. 국립민속박물관, 『소리—만남, 생각 그리고 추억』, 2007
국립고궁박물관, 『궁궐의 장식그림』, 2009

자료 및 연구서

Gale, S. James tr., *The Cloud Dream of the Nine*, London: Daniel O'Connor, 1922
　　(정병욱·이승욱 교주, 『구운몽』, 민중서관, 1972 영인 수록)
김병국 옮김, 『구운몽』, 서울대학교 출판부, 2007
박재연 해설, 『중국소설회모본』, 강원대학교 출판부, 1993
박성의 교주, 『농가월령가, 한양가: 한국고전문학대계9』, 교문사, 1984
류준필 엮음, 「게우사」, 『소설 판소리 열두 마당』, 들불, 1994
안대회 역, 『산수간에 집을 짓고, 임원경제지에 담긴 옛사람의 집 짓는 법』, 돌베개, 2005
정규복 해설, 김열규·신동욱 편, 『김만중 연구』, 새문사, 1983
강명관, 『조선시대 문학예술의 생성공간』, 소명출판, 1999
홍선표, 『조선후기 회화사론』, 문예출판사, 1999
정병삼, 『그림으로 보는 불교이야기』, 풀빛, 2000
정병설, 『나는 기생이다』, 문학동네, 2007
이블린 맥쿤(Evelyn B. McCune), 김서영 역, 『한국의 병풍』, 보진재, 1983
아키야마 테루카즈(秋山光和) 지음, 이성미 옮김, 『일본회화사』, 예경, 1992
고바야시 히로미쓰(小林宏光), 김명선 옮김, 『중국의 전통판화』, 시공사, 2002
小松和彦 外, 『繪畫の發見』, 東京: 平凡社, 1986
竹內誠 監修, 『江戶時代館』, 東京: 小學館, 2003
染谷智幸, 『西鶴小說論』, 東京: 翰林書房, 2005
染谷智幸·鄭炳說 編, 『韓國の古典小說』, 東京: ぺりかん社, 2008

馬文大·陳堅 主編,「李卓吾先生批評西遊記」,『明淸珍本版畵資料叢刊』5, 學苑出版社, 2003

周蕪 編著,『金陵古版畵』, 江蘇美術出版社, 1992

周心慧 主編,『明代版刻圖釋』4, 學苑出版社, 1998

盧雪燕,『有板有眼說版畵―古代戱曲小說版畵特展』, 臺北: 國立故宮博物館, 2001

國立故宮博物館,『郡芳譜』, 臺北: 國立故宮博物館, 2003

Lenzini, Margherita & Micheletti, *Materpieces of Uffizi*, Firenze; BET, 간년 미상

논문

신인숙,「한국전통자수병 구운몽도에 관한 연구」, 이화여자대학교 석사논문, 1985

문행섭,「관덕정 벽화 연구」, 제주대학교 석사논문, 1993

려증동,「음란소설 구운몽 연구」,『새국어교육』50, 한국국어교육학회, 1993

_____,「불효소설 구운몽」,『새국어교육』51, 한국국어교육학회, 1995

_____,「외설소설 구운몽 연구」,『배달말교육』18, 배달말교육학회, 1997

김호준,「외설소설 구운몽이 교과서에 실려서는 안 된다」,『배달말교육』21, 배달말
    교육학회, 2000

김종철,「그림으로 읽는 구운몽」,『문학과교육』18, 문학과교육연구회, 2001

정병모,「조선말기 불화와 민화의 관계」,『강좌미술사』20, 한국불교미술사학회, 2003

다니엘 부세,「구운몽의 제목에 대하여」,『동방학지』136, 연세대학교 국학연구원, 2006

윤열수,「문자도를 통해 본 민화의 지역적 특성과 작가 연구」, 동국대학교 박사논
    문, 2006

이현주,「조선후기 통제영 화원 연구」,『석당논총』39, 동아대학교 석당학술원, 2007

양승민,「승정원일기 소재 소설 관련 기사 변증」,『고전소설 문헌학의 실제와 전망』,
    아세아문화사, 2008

박재연,「조선각본 신간고본대자음석삼국지전통속연의(新刊古本大字音釋三國志傳
    通俗演義)에 대하여」,『중국어문학지』27, 중국어문학회, 2008

정병설,「조선후기 한글소설의 성장과 유통―세책과 방각을 중심으로」,『진단학보』
    100, 2005

_____,「구운몽도 연구」,『고전문학연구』30, 한국고전문학회, 2006

_____,「사도세자가 명해서 만든 화첩, 중국소설회모본」,『문헌과해석』47, 2009

_____,「사도세자와 화원 김덕성」,『문헌과해석』48, 2009

_____,「시골 선비 이이순이 본 임금의 침실」,『문헌과해석』49, 2009

'키워드 한국문화'는 한국의 역사와 문화를 재발견하는 작업이다. 한국문화의 정수를 찾아 그 의미와 가치를 정리하는 일이다. 한 장의 그림 또는 하나의 역사적 장면을 키워드로 삼아, 구체적인 대상을 통해 한국을 찾자는 것이다. 처음 소개되는 것도 있을 것이고, 잘 알려져 있더라도 이제야 그 진면목이 드러나는 것도 있을 것이다. 영상과 멀티미디어에 익숙한 현대적 감각에 맞추어 시청각자료를 풍부히 활용하고자 했다. 우리 것이니 당연히 알아야 한다는 의무감에서가 아니라, 같은 땅에 살았던 사람들의 삶의 이야기를 조근조근 들려주어 자연스레 책을 펼쳐볼 수 있게 했다. 이로써 멀게만 느껴졌던 인문학과 독서대중의 간극을 좁히고자 했다.

한국문화를 전혀 모르는 사람들에게나, 어렴풋이 알고 있다고 생각하지만 선입관에 사로잡힌 사람들에게, 또 좀더 깊이 알고자 하지만 길을 찾지 못하는 사람들에게 '키워드 한국문화'는 좋은 안내자가 될 것이다. 한국이 어떤 나라인지 묻는 외국의 벗에게 이 책 한 권을 건넴으로써 대답을 대신할 수 있을 것이다. 책이 한 권 한 권 간행될수록 한국문화의 특징과 아름다움이 더욱 선명히 모습을 드러내리라 믿는다. 책으로 만든 '한국문화 특별전시관'의 완공을 손꼽아 기다린다.

키워드 한국문화 기획위원
김문식, 박철상, 신수정, 안대회, 정병설

키워드 한국문화 3

구운몽도

ⓒ 정병설 2010

초판 인쇄 | 2010년 1월 1일
초판 발행 | 2010년 1월 8일

지은이 정병설
펴낸이 강병선

책임편집 구민정 임혜지 최지영 염현숙 | 독자모니터 이원주
디자인 엄혜리 한충현 김민하
마케팅 방미연 우영희 | 제작 안정숙 서동관 김애진

펴낸곳 (주)문학동네
출판등록 1993년 10월 22일 제406-2003-000045호
주소 413-756 경기도 파주시 교하읍 문발리 파주출판도시 513-8
전자우편 editor@munhak.com | 대표전화 031)955-8888 | 팩스 031)955-8855
문의전화 031)955-8889(마케팅) 031)955-2671(편집)
문학동네카페 http://cafe.naver.com/mhdn

ISBN 978-89-546-0993-7 04900
       978-89-546-0990-6 04900 (세트)

www.munhak.com